ソロエコノミーの襲来

荒川和久

ワニブックス
|PLUS|新書

はじめに

変化は、いつもゆっくりとやってくる。

人間はそれほど敏感ではない。昨日と今日、今日と明日の微妙な違いなど感じ取れないものだ。大きな災害や事件を別とすれば、「世の中が一晩でガラッと一変する」なんてことは、実はあまりない。

しかし、時として、人は世の中がある日突然大きく変わったような錯覚に陥る。たとえば、化粧品に興味のないアニメ好きの男性がいたとしよう。彼は、街中にどんなに大きな化粧品の看板広告があったとしても、その存在すら気付かない。しかし、その看板に自分の好きなアニメ作品の広告が映し出されたとしたらどうなるだろう。たぶん、こう思うはずだ。

「いつの間に、こんなところに大きな広告看板ができたんだ？」

まるで秀吉の一夜城を見たかのように驚く。広告が差し替わっただけなのに、まるで突然、看板ができたと思ってしまうのだろう。何年も前からそこに看板スペースがあったとしても、彼は見ていないからだ。視界には入ったかもしれないが、認識していない。認識していなければ、彼にとって存在しないも同然であり、だからこそ、いきなりできたと錯覚してしまうのだ。

つまり、物理的にそこに実在していたとしても、個人がそれを認識しなければ、それは「透明な存在」であり、事実とも思われない。

現在、日本は未婚化、非婚化、それに伴う少子化や人口減少という深刻な問題に直面している。その事実は知っていたとしても、「なぜ突然そういう事態になったのか?」と思っている人も大勢いると思う。ところが、実は突然でもないのだ。

生涯未婚率という言葉が脚光を浴びたのは２０１０年の国勢調査の結果からである。男性の生涯未婚率が20％をはじめて超えた時だ。その上昇は１９９０年代、つまり今から30年前の平成とともに始まっている。逆に言えば、30年前まで、日本はほぼ全員が結婚していた皆婚社会でもあった。

では、1990年以降に未婚化、非婚化が始まったのかというとそれも違う。本来、1990年頃というのは、第三次ベビーブームが起きていい時期だった。

日本には、戦後2回のベビーブームがあった。1回目は、戦後間もなくの1947年から1949年にかけて。2回目は、1971年から1974年にかけてで、1回目の時に生まれた子どもたちを「団塊の世代」といい、2回目の時に生まれた子どもたちは、団塊の世代の子どもたちであることから「団塊ジュニア世代」と言われる。とすると、その「団塊ジュニア世代」の子どもたちが成長した頃に、第三次ベビーブームが来るはずだった。しかし、それは訪れなかった。その代わりに、1989年に到来したのは、丙午を除けば戦後最低の出生率を記録した「1・57ショック」である。

なぜだろうか？

それは、日本政府が当時、少子化を推奨していたからである。この事実を知らない、あるいは忘れてしまっている人は多い。

1974年6月に人口白書「日本人口の動向」が刊行された。そこには「静止人口をめざして」という副題が付けられている。当時は、増えすぎる人口の方が大きな課題だったのだ。さらに、1974年7月に実施された「第1回日本人口会議」では、増えすぎる人口を問題視し、「子どもは二人まで」という宣言を出している。

この会議に関する新聞報道は、大手新聞はもちろん、北海道から沖縄までの地方新聞の、社説・コラム・漫画を含め、150編以上にのぼった。まさに日本をあげての大キャンペーンだった。学校でも、教育の一環として「人口爆発で資源が足りなくなる」と啓蒙された。そして、これに国民が素直に応じた。事実、図0—1に示したように、そこから凄まじい勢いで少子化が進行していった。

結婚した女性に限定した完結出生児数（結婚持続期間15~19年夫婦の平均出生子ども数で、夫婦の最終的な平均出生子ども数とみなされる）を見てみると、1974年以降、きっちり「子どもは二人」で推移しているのがわかる。「子どもは二人まで」という宣言が、完璧と言っていいほどに遵守されたわけである。

1970年代は、まだ大衆が群となって動いていた時代だった。新聞やテレビという

図0-1　出生数と合計特殊出生率の推移

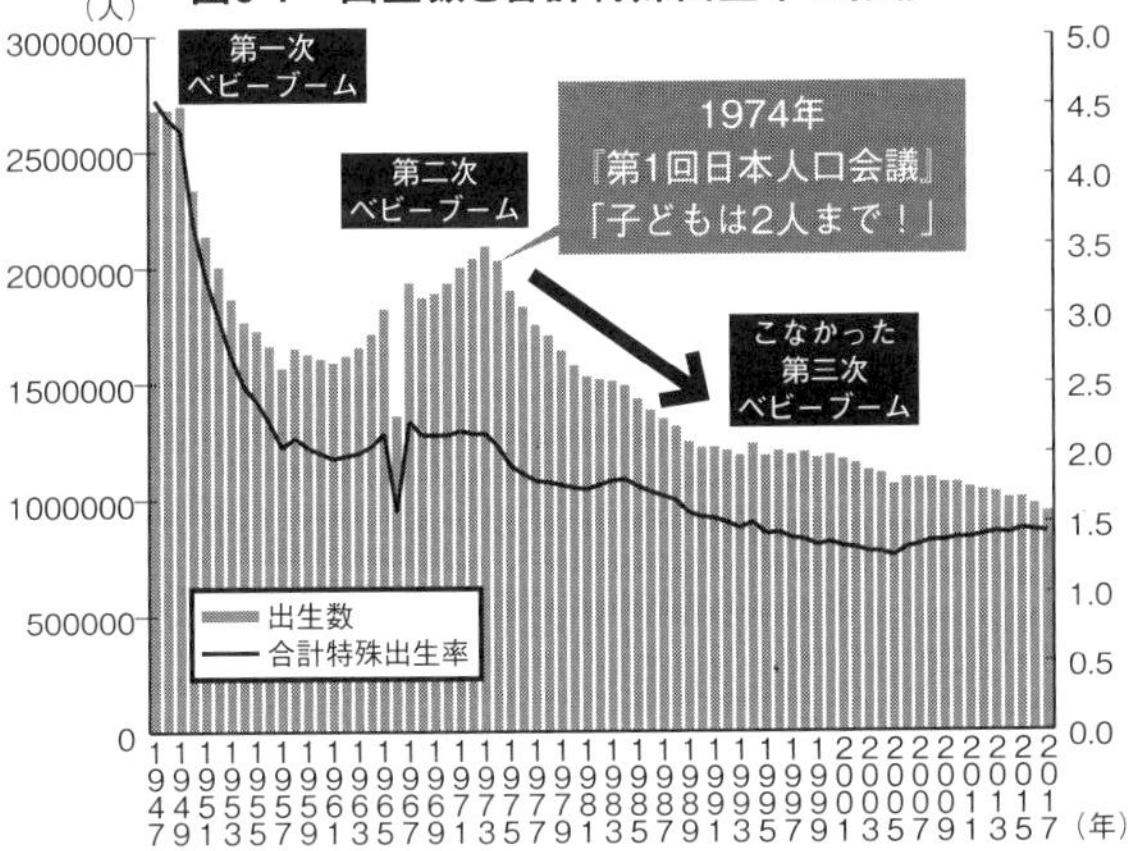

厚生労働省「人口動態統計」より。

図0-2　1974年以降の完結出生児数と合計特殊出生率の推移

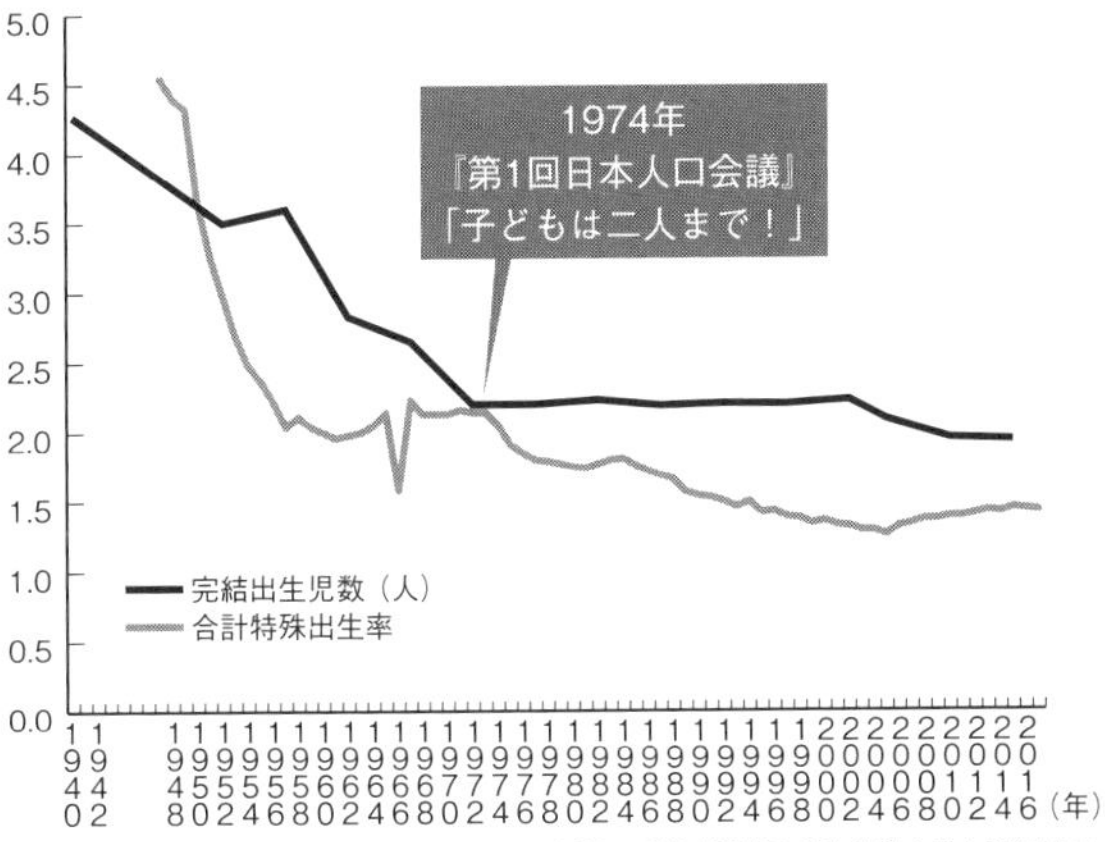

厚生労働省「人口動態統計」及び「出生動向基本調査」より。

マスコミに大衆の行動が大きく左右されていた。奇しくも、２０１５年の国勢調査において生涯未婚率最高記録更新の立役者になった人たちというのは、まさに１９７４年に中学生としてこの教育を受けて育った世代である。

さらにある。１９９０年以降から生涯未婚率は上昇を続けるが、その時期に生涯未婚率集計の対象年齢の50歳になった世代は、１９６０年代に結婚適齢期の20代後半を迎えた人たちである。１９６０年代から、既に結婚できない人たちは増え始めていたことになる。

その頃に何が起きたかというと、お見合い結婚数を恋愛結婚が上回った時期が、丁度１９６５年あたりなのだ。それ以降、お見合い結婚は廃れ、現在は約９割が恋愛結婚となっている。婚姻数の減少は、このお見合い結婚の減少に比例している。

つまり、結婚しなくなった（できなくなった）第一世代とは、１９６０年代に20代後半だった男女（現在80歳近辺の高齢者）であり、彼らが実質的に生涯未婚率を押し上げた最初の世代なのだ。

このように、未婚化は突然変異現象ではなく、50年以上かけてゆっくりと進行していったものなのだ。

さて、私が男性のソロ生活者に着目し、研究を開始したのは2013年のことである。当時はマーケティング領域で独身男性にスポットを当てることは珍しく、また、独身男性に対する世間の風当たりも強かった。

40歳を過ぎて未婚のままの男など「人間的に何か欠陥がある」と堂々と言われ、女性からは「キモい」という一言で片づけられてしまう有り様だった。「未婚なのは低収入だからだ」「甲斐性がないから結婚できないのだ」「よって、そういった層は優良顧客になりえない」とマーケティングの世界においても無視される「透明な存在」だった。

そうした存在だった独身男性を、私は「ソロ男」と命名し、彼らのユニークな特徴や消費ターゲットとしてのポテンシャルを記した『結婚しない男たち』（ディスカヴァー・トゥエンティワン）という本を上梓したのが2015年である。

さらに、2017年には、ソロ男だけではなく、「ソロ女」及び死別離別した高齢の独身者も含め、「2035年には人口の半分が独身になる」という内容の『超ソロ社会』（PHP新書）を世に出した。こちらは、国内のみならず海外でも話題となった。アメリカ、イギリス、フランス、トルコ、カナダ、台湾、中国、韓国などのメディアにも多数取り上げられた。ソロ社会化というのは、日本だけの問題ではなく、もはや世界的な関心事なのである。

とはいえ、少子高齢化問題や人口減少の話題のたびに、「結婚しないのは自分勝手だ」「子を生み育ててこそ一人前だ」と、〝ソロ〟という生き方を否定する人も多い。「人は皆結婚し、家族を持ち、子を生み育てるもの」というかつての皆婚の常識に生きてきた世代からすれば、こうした未婚化・非婚化・ソロ社会化はそう容易には認められないのだろう。

しかし、残念ながら、婚姻率や出生率が多少改善されたところで、今後100年先までの未来の人口構造に大きな変化は望めない。人口減少や少子高齢化に伴う危機意識を持つことは大切だが、いたずらに恐怖だけを煽り、人々を悲観的にさせて何の意味があるというのだろう？

寒い冬がやってくることは避けられない。にもかかわらず、「冬が来ないようにがんばれ」などという精神論的掛け声は、何の役にも立たない。

それより、冬に向けてどう適応すべきかを考えることの方が現実的であり、前向きだ。いつまでも「見ないフリ」は通用しない。寒さに備えなければ凍死してしまうだけだからだ。

人口減少も少子高齢化もソロ社会化も、不可避なのである。本書では、そうした「個人化する社会」に生きる重要な視点となるふたつの構造変化について書いた。

ひとつは、消費を中心とする経済構造の変化だ。家族という世帯中心の消費構造は、独身5割・単身世帯4割のソロ社会では大きな変革を余儀なくされる。常々、私は「結婚は経済」という話をしてきた。結婚数の減少は、経済構造の変化に他ならない。大げさではなく、ソロ経済が席巻する時代になる。まさに、「ソロエコノミーの襲来」がすぐそこまでやってきている。

そして、もうひとつは、共同体（コミュニティ）構造の変化だ。今まで人々の安心の拠り所であった、地域や職場、そして家族といった共同体は失われ、個人が流動的に動き回らざるを得ない社会になっていく。これは、人との関係性が「群から個」へと移行することを意味する。「集団の中の私」から「私がつながる世界」へと、個人の行動が変わらざるを得なくなる。それは結婚した者とて例外ではない。誰もが必ずソロに戻る可能性がある。

繰り返すが、変化はある日突然やってくるものではない。大事なのは、気付くか気付かないか、だ。自分が見ていないもの、認識していないものが全て存在していないわけではない。

ただし、ソロ社会とは絶望の未来ではない。結婚する人がいなくなることはないし、個人がバラバラに孤立して生きる社会になってしまうわけではない。むしろ、個人化する社会だからこそ、「人と人のつながり」が価値化していく。

本書を通じて、いままで気付けなかった、もしくは、見ようともしなかった数々の「透明な存在」について知っていただき、何かを感じていただければ幸いである。

目次

第2章 ソロエコノミーがやってくる

第1章

知っているようで知らない日本のソロ社会化

世界的に不可避な人口減少

日本の人口減少は不可避である。国立社会保障・人口問題研究所「日本の将来推計人口（平成29年推計）報告書」によれば、2100年には人口5972万人と現在の半分以下になると推計されている。これはちょうど1925年（大正14年）の人口5974万人（総務省統計局「大正十四年国勢調査結果の概要」）とほぼ同等である。

一方、世界に目を向けると、人口減少は何も日本だけの問題ではないことが見えてくる。もともと国連のWPPの推計は、日本の推計よりかなり楽観的なのだが（MEDIUM推計では世界の人口は2100年に112億人である）、社人研の日本の人口推移にもっとも近いLOW推計で見てみると、世界の人口は、今の74億人より少ない73億人となる。国別では、中国も日本同様2100年には現在の半分以下となる。2040年代まで人口が増えるインドでさえ3割減だ。ドイツやフランスなどの欧州国家とて例外ではない。

実際は、アフリカ諸国だけはしばらく人口が増加し続けるため、世界の人口総数はこ

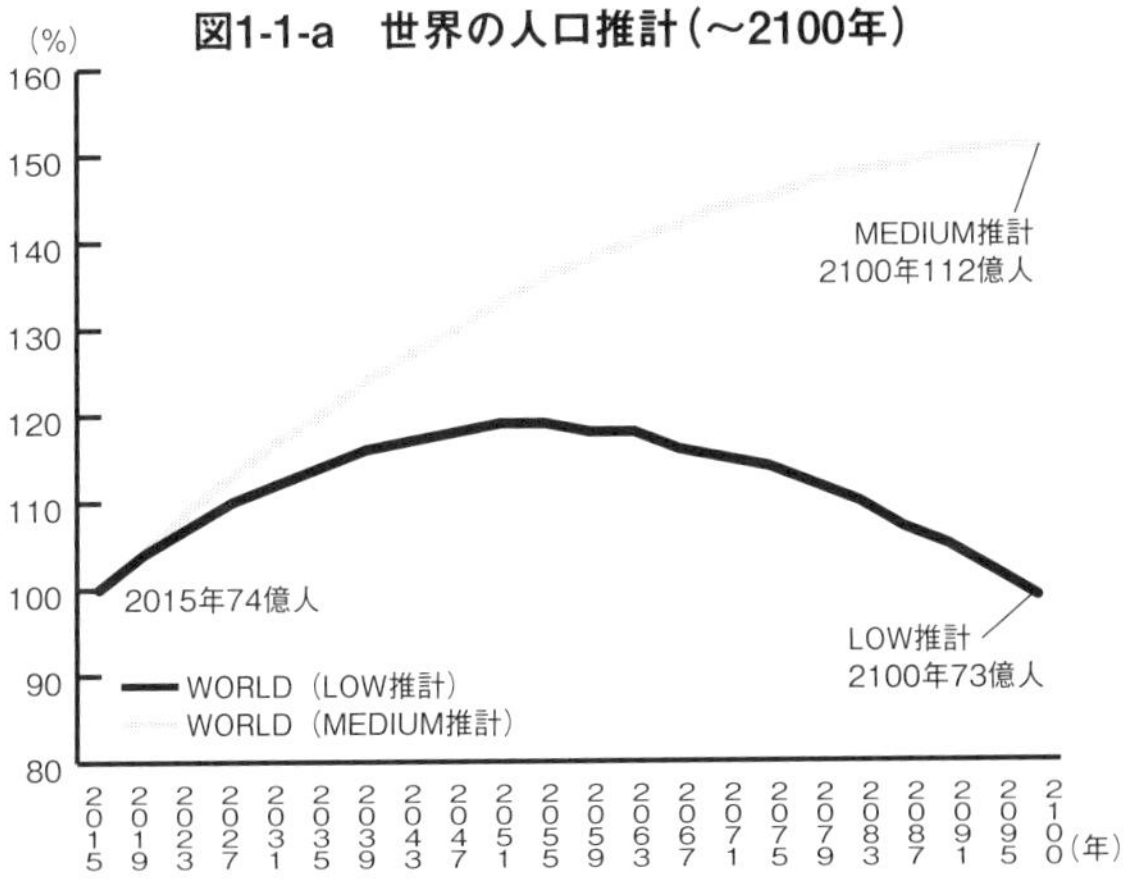

国連WPP2017より、2015年を100として荒川和久作成。

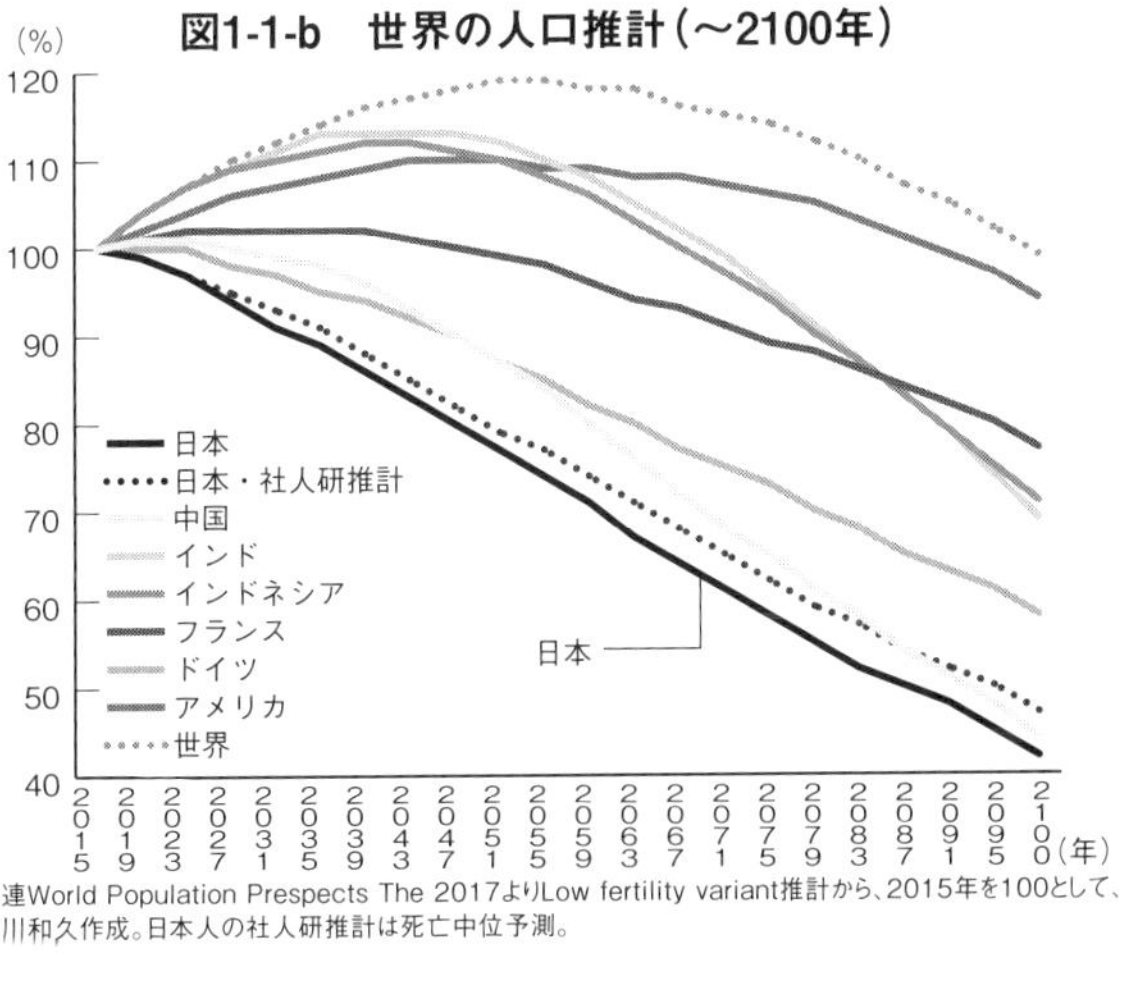

国連World Population Prespects The 2017よりLow fertility variant推計から、2015年を100として、荒川和久作成。日本人の社人研推計は死亡中位予測。

れほど減少しない可能性が高い。とはいえ、世界全体的には、人口はこの100年の間に、減少基調へ推移することは間違いないのではないだろうか。

急激に増えた高齢者人口

高齢化の進行具合を示す言葉として、高齢化社会、高齢社会、超高齢社会という言葉がある。WHO（世界保健機構）の定義によれば、65歳以上の人口が全人口の7％を超えると「高齢化社会」、14％を超えると「高齢社会」、21％を超えると「超高齢社会」と呼ばれる。すでに日本は2007年にその水準を上回り、2017年の総人口に占める高齢者人口の割合は27・7％と過去最高となった。男女別に見ると、男性は24・7％、女性は30・6％であり、4人に1人の男性、3人に1人の女性が高齢者という、まぎれもない「超高齢社会」になってしまった。

これは、世界的に見ても断トツで、図1―2を見ておわかりの通り、1950年から70年弱で一気に西欧諸国をゴボウ抜きにしていったことがわかる。

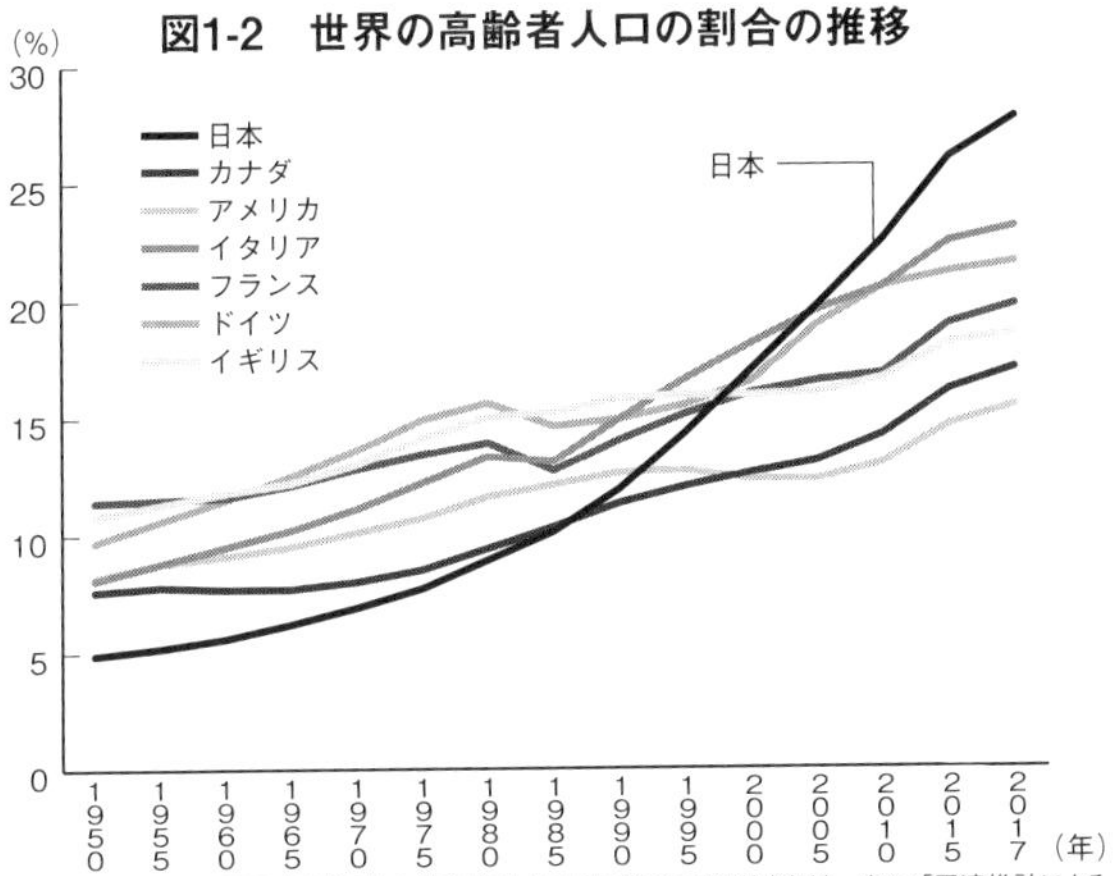

図1-2　世界の高齢者人口の割合の推移

国立社会保障・人口問題研究所「日本の将来推計人口(平成29年推計)」資料　表17「国連推計による主要国の65歳以上人口割合」より抜粋。2017年実績は、国連WPP2017資料より。

高齢者より独身者が多いソロ国家

日本が超高齢社会であることは誰もが知ることだ。しかし実は、その高齢者人口より独身者人口の方が多いという事実をご存知だろうか。

2015年の国勢調査において、65歳以上の高齢者人口約3280万人に対して、15歳以上独身者人口（離別死別含む）は約4440万人。独身者の方が高齢者より1200万人近くも多いのだ。つまり、日本とは高齢者の割合が高い「超高齢国家」である以上に、独身者が多い「超ソロ国家」なのである。

総人口に対する独身者率、いわゆる「ソロ率」は、日本がまだ皆婚社会であった1980年では34％だったが、2015年には41％まで上昇。国立社会保障・人口問題研究所が2018年に発表した配偶関係別人口推計（15歳以上）によれば、2040年にはソロ率は47％に達する見込みだ。人口の約半分が独身の国になるわけである。

特に、高齢化と比例して、平均寿命の長い女性の高齢ソロが激増する。2019年現在でも、65歳以上の高齢独身女性は約1000万人存在する。少子化、高齢化、人口減

図1-3 ソロ生活者と有配偶者の割合

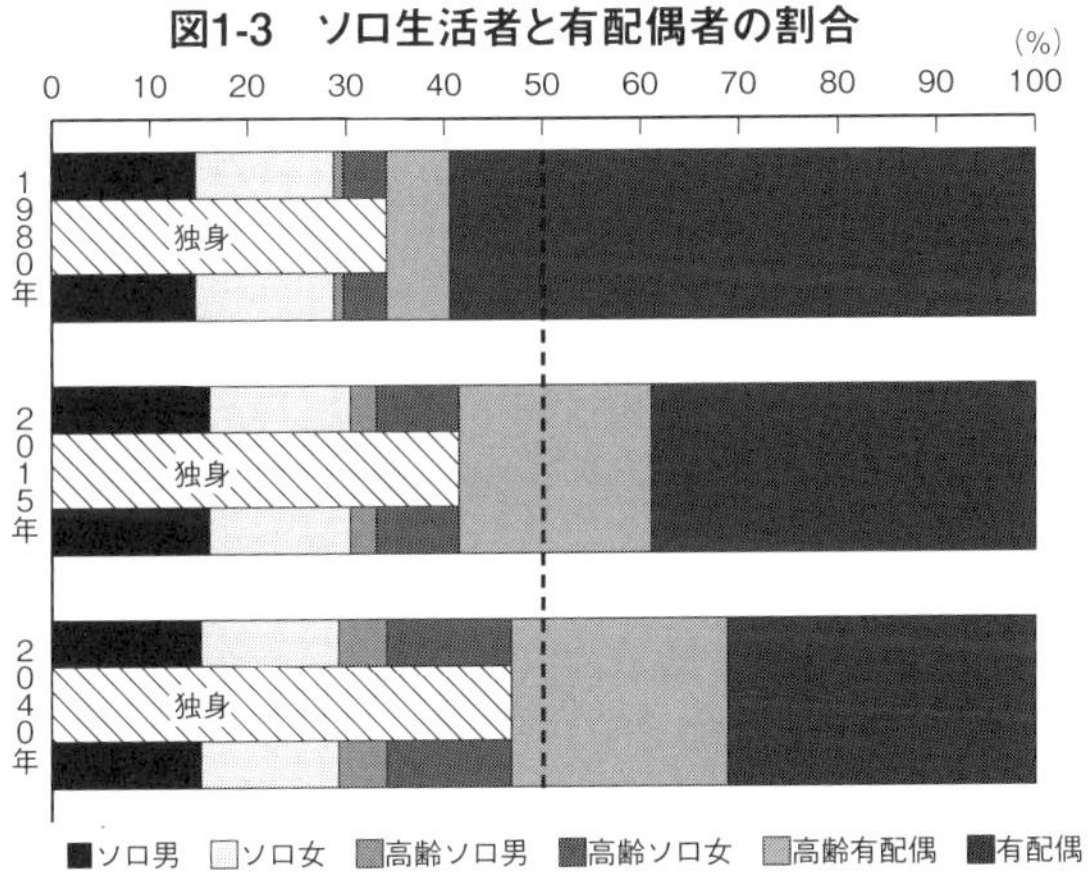

国勢調査及び社人研2018年推計「日本の将来推計人口・配偶関係別15歳以上人口」より

図1-4 ソロ生活者数と有配偶者の推移

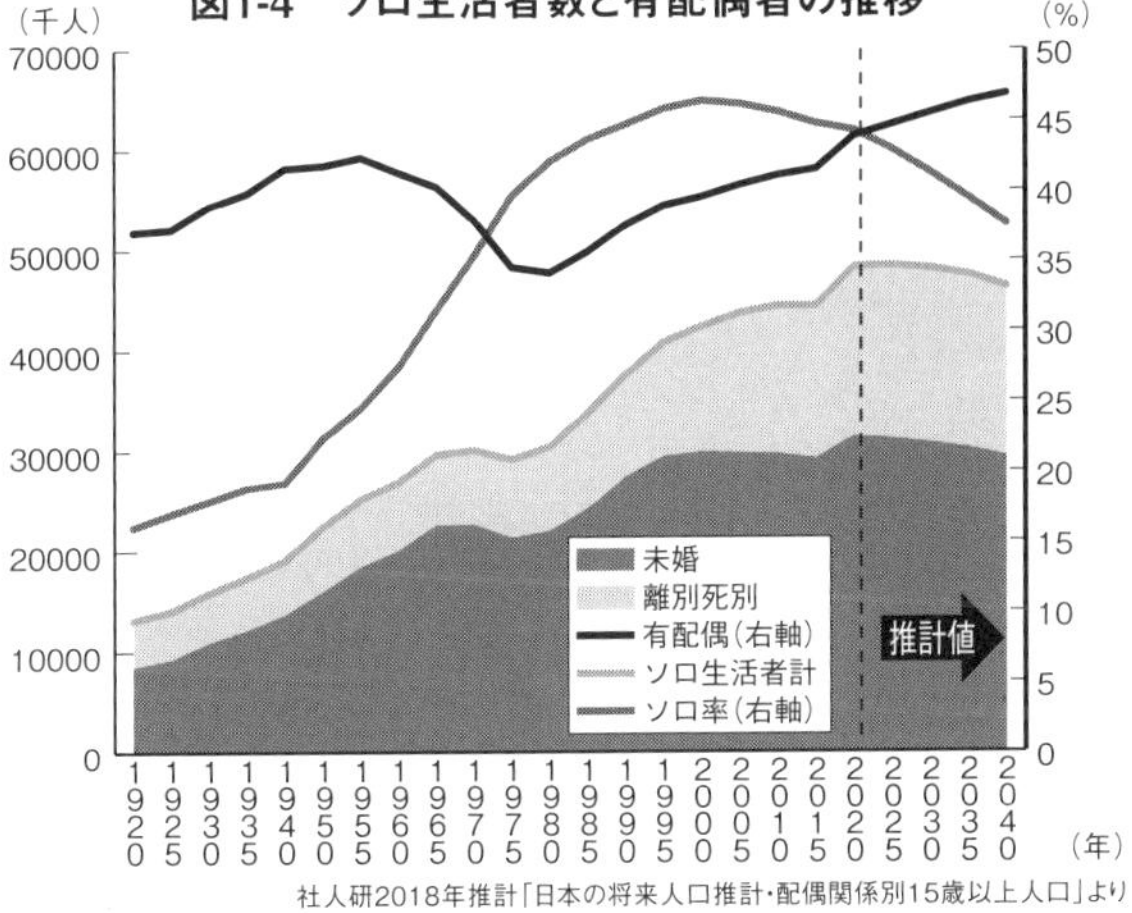

社人研2018年推計「日本の将来人口推計・配偶関係別15歳以上人口」より

少といった話題はニュースになるが、こうした日本のソロ社会化についてはあまり取り上げられないし、世間の人たちの認知度も低い。

4割が一人暮らし世帯へ

夫婦と子二人からなる世帯は、かつて標準世帯と呼ばれた時代があった。しかし、それも今は昔。すでに2010年の国勢調査の段階で、家族類型別の一般世帯の構成比では「単身世帯」にトップの座を明け渡している。それどころか、2015年の国勢調査では、夫婦と子世帯は28％と3割を切ってしまった。2040年には、さらに23％台にまで落ち込み、いずれ夫婦のみ世帯にまで抜かれる勢いだ。

一方で、単身世帯の伸びは凄まじく、2040年には39％を超え、世帯のおよそ4割が一人暮らしとなる見込みである。

ちなみに、2015年時点の国勢調査において、東京都の単身世帯比率は47％に達している。東京の半分はもうすでに一人暮らしなのである。

図1-5 世帯内訳の比較

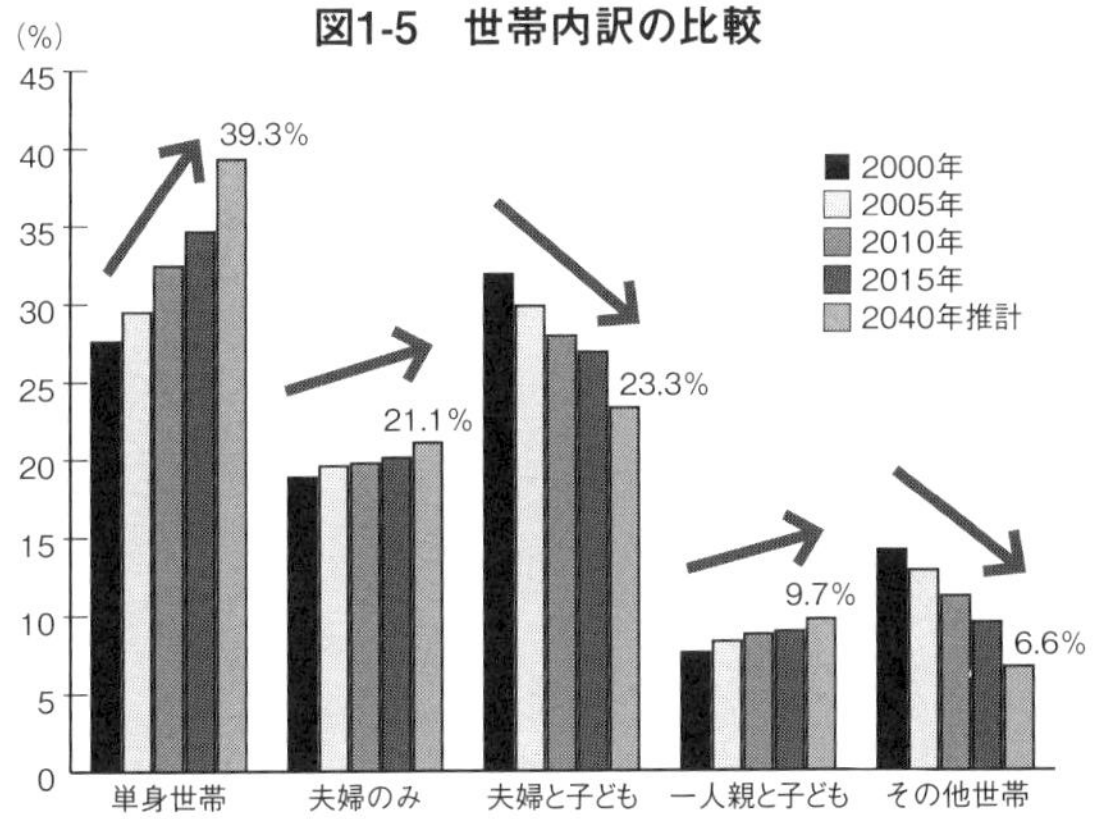

2015年までは国勢調査確定値より。2040年推計は、国立社会保障・人口問題研究所『日本の世帯数の将来推計(全国推計)』2018年推計より

生涯未婚率は男3割、女2割

生涯未婚率とは、50歳時点の平均未婚率を示し、50歳時点で未婚の人は今後も結婚する可能性がないものとして扱うということである。厳密には、45~49歳と50~54歳の未婚率を平均して出した値だ。

極端に言えば、50歳以上は絶対結婚できないという国のお墨付きのようなもので、随分と酷いと思われるかもしれないが、過去の統計上、50歳を過ぎてからの初婚というのはほぼなかったわけで、妥当と言えよう。

さて、その生涯未婚率だが、2015年の国勢調査では男性23・4%、女性14・1%と過去最高を記録した。社人研の推計によれば、今後も男女とも増加し続け、2040年には男性の約3割、女性の約2割が生涯未婚となる見込みだ。

国勢調査が開始された大正時代の1920年から1980年代まで、生涯未婚率は男女とも5%未満だった。皆婚の昭和が終わり、平成の開始とともに、生涯未婚率は異常とも言うべきカーブで上昇していったことになる。

図1-6　男女別生涯未婚率の推移

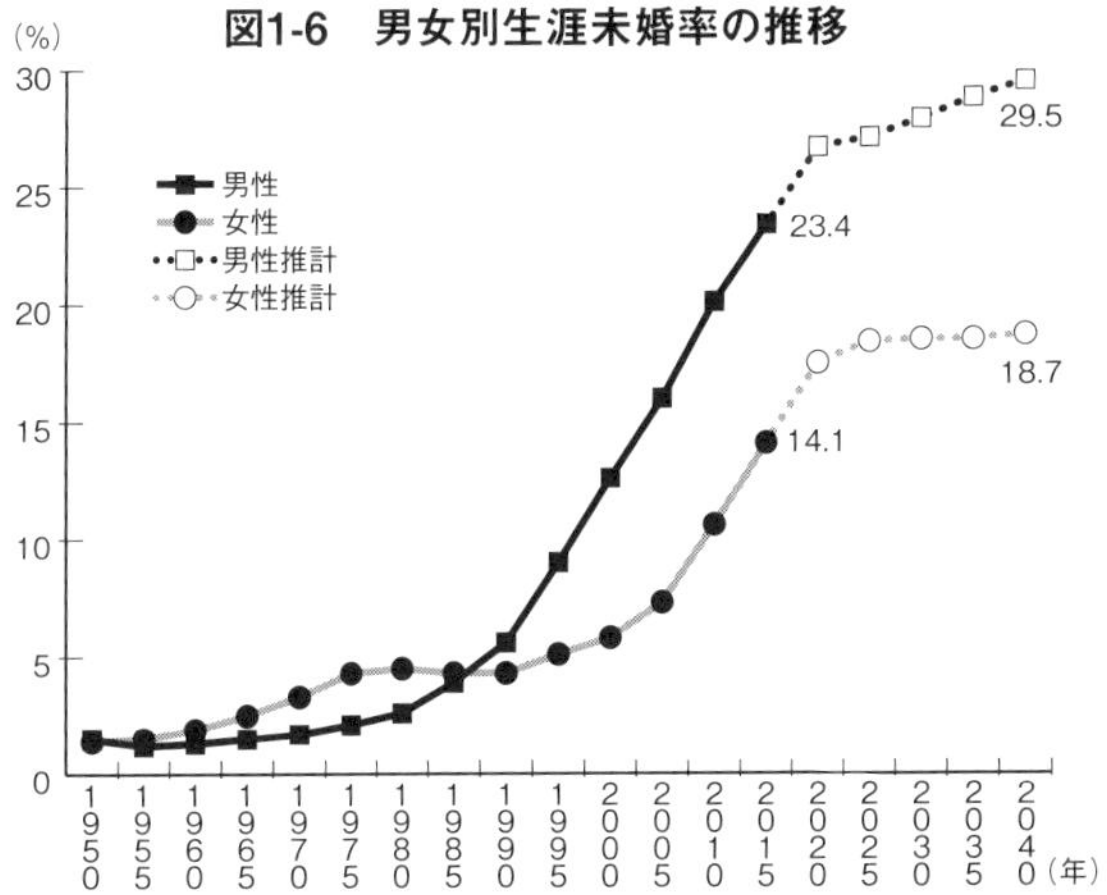

2015年までは国勢調査より。2020年以降は社人研「日本の世帯数の将来推計(全国推計)2018年推計」より

夫婦の3組に1組がソロに戻る

ソロ社会化の要因は未婚だけではない。離婚または配偶者との死別があれば、人は誰でもまたソロに戻る可能性がある。近年、離婚によるソロ化も大きく増加している。

離婚の指標にはふたつある。ひとつは普通離婚率といい、人口千人当たりに対する離婚率。もうひとつは年間の離婚数をその年の婚姻数で割った特殊離婚率というもの。

世界的には、人口千当たりの普通離婚率の指標が共通的に使われているので、まず、そちらで見ると、２００２年の２・３をピークに年々減少傾向にあり、２０１７年は１・７だった。しかし、特殊離婚率で見ると、２００１年以降ずっと35％付近をウロウロしている。最新の２０１７年の特殊離婚率も、離婚数約21万２０００件に対して婚姻数が60万７０００件と約35％である。この特殊離婚率の指標が、マスコミがよく使う「3組に1組は離婚している」という意味となる。さらに、特徴的なのは、近年、結婚後20年以上の夫婦の熟年離婚が増加しており、２０１７年も3万８０００件、構成比にして18％で過去最高記録となった。結婚したからと言って決して安心はできないのだ。

図1-7 離婚数と離婚率の推移

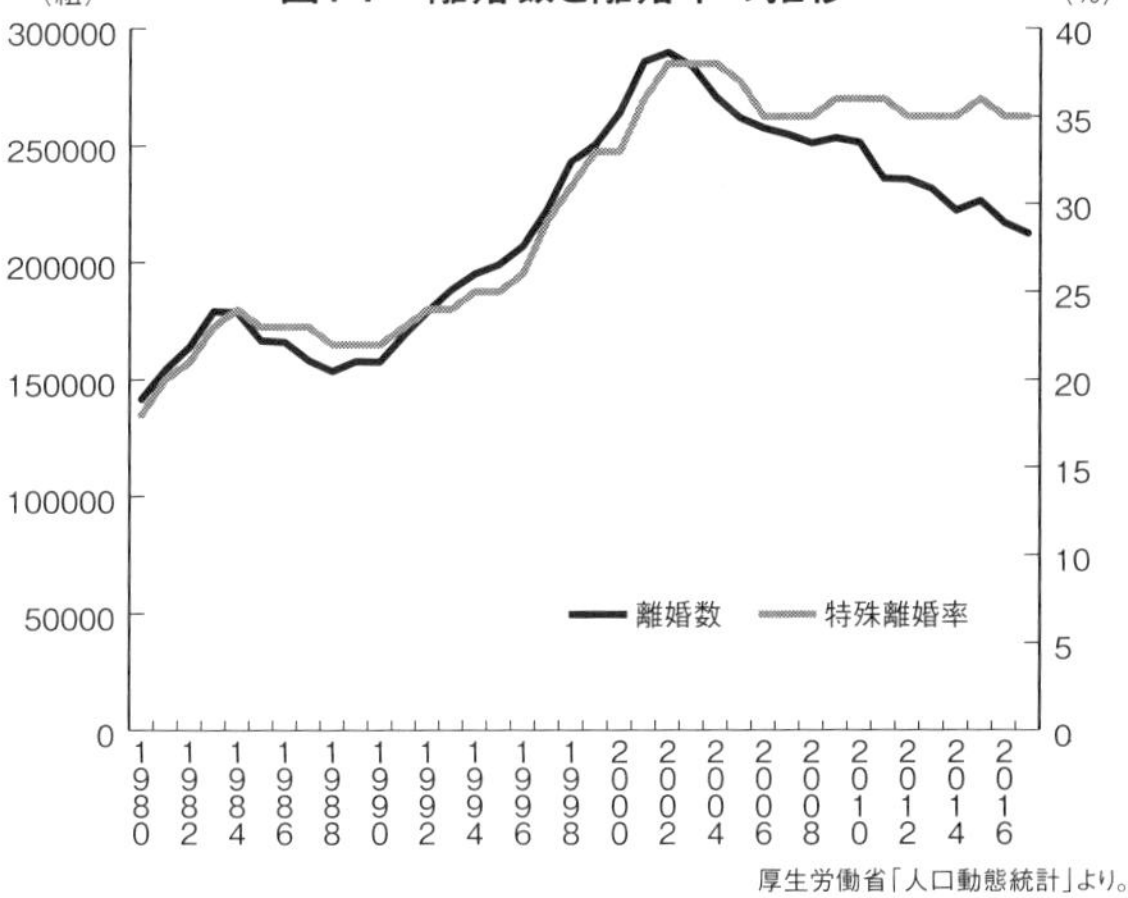

厚生労働省「人口動態統計」より。

未婚と独身、いびつな人口男女比

２０１５年の生涯未婚率は男性約23％、女性約14％で、男女間に約10％の差がある。なぜ、男の生涯未婚率が女より高いのか、疑問に思われる読者もいることだろう。現在の法律では、結婚は一夫一婦制なので、既婚者を除いた男女比は同じだと思っている人も多いだろう。実は、それが大きな間違いなのだ。男女比はそもそも1対1ではない。それも、未婚者と一度結婚した後の独身者とでは男女比が大きく変わる。

２０１５年の国勢調査から、各歳ごとの未婚者数と独身者数（未婚＋離別死別）の男女差を示したグラフが図１―８である。

未婚に関しては、15歳から72歳まで、圧倒的に未婚男性の方が未婚女性を上回る。未婚男女の人口差については、次節に詳しく書いたが、未婚男女差とは裏腹に、死別や離別も含む独身者全体で見た場合、今度は女性の独身者の数が大きく独身男性を上回っている。これらのほとんどが配偶者との死別離別者である。

60歳以上の独身女性人口は、すでに１０００万人を突破している。男女の平均寿命の

図1-8 年齢別未婚者数と独身者数の男女差

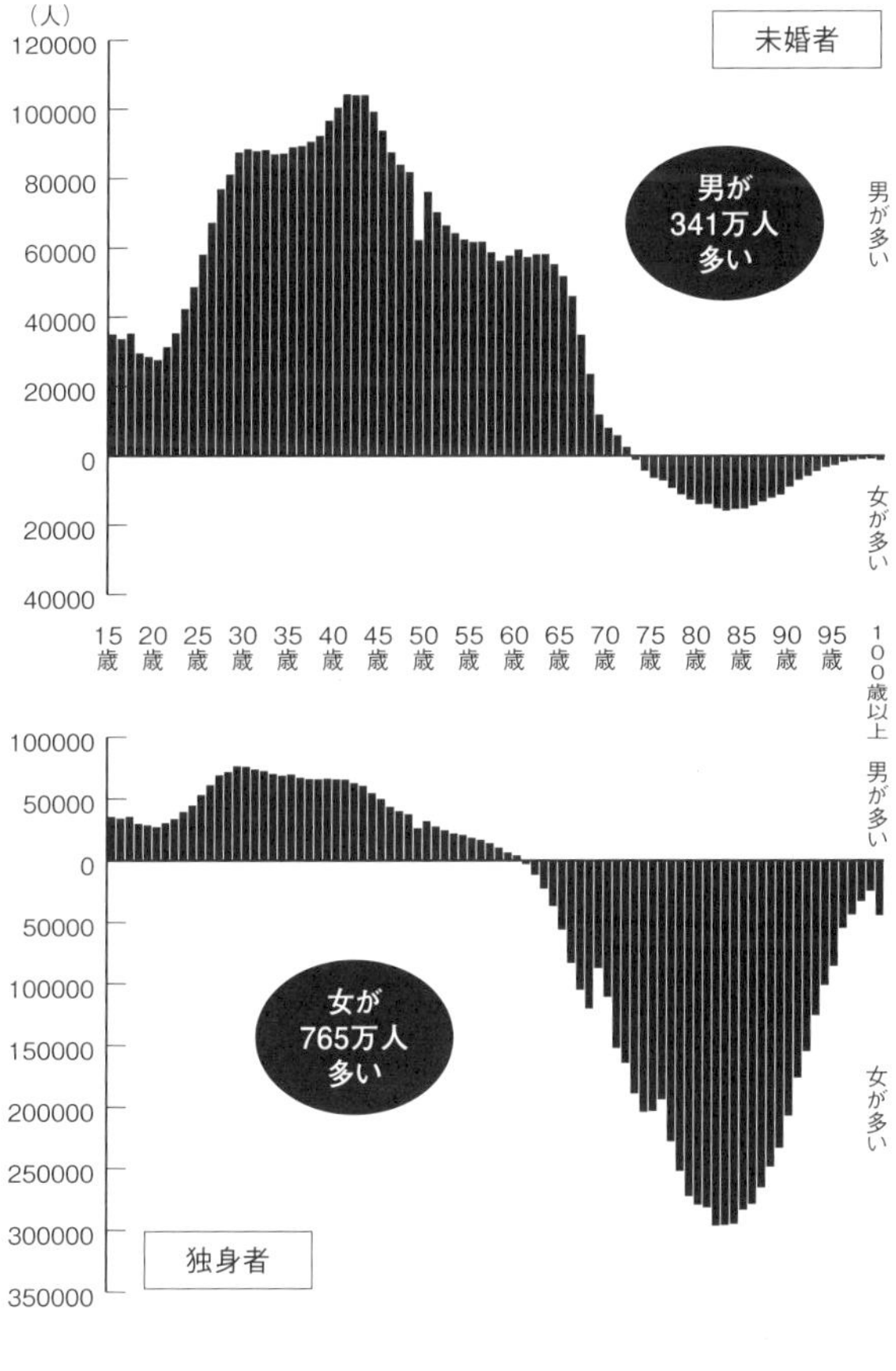

2015年国勢調査より荒川和久作成。

関係で、この傾向は今後も継続する。つまり、日本のソロ社会は、大きく言えば15〜50代までの未婚男性と60歳以上の離別死別女性が大きな割合を占める社会なのだ。

300万人の男は絶対に結婚できない？

圧倒的に男が多い未婚者の男女比について、私は「男余り現象」と名付けた。

その第一の理由は、男の方が女より出生数が多いためだ。男女の出生数の性比は大体平均して1・05と言われる。毎年5％ずつ男が多く生まれるのだ。それでも昔は、男の乳幼児の死亡率が高かったため、結果として男女同数に収まっていた。しかし、医療の発達によって男児もそのまま成人する。結果として、「男余り現象」を引き起こしている。

20代から50代の未婚男女の人口を、2015年国勢調査のデータから比較してみると、300万人も未婚男性の方が余っている。15歳〜74歳にかけてすべて年齢帯で男の方が多い。75歳以上で逆転されるが、これは男性の寿命が先に尽きてしまうからだ。

現在未婚の女性が仮に全員結婚したとしても、300万人の男性には相手がいないと

図1-9 年齢別未婚者数の男女差分 （人）

	未婚男性	未婚女性	差分
15～19歳	3,042,192	2,881,593	160,599
20～24歳	2,755,989	2,572,112	183,877
25～29歳	2,222,616	1,852,959	369,657
30～34歳	1,648,679	1,211,351	437,328
35～39歳	1,416,172	959,761	456,411
40～44歳	1,423,716	913,188	510,528
45～49歳	1,092,022	683,887	408,135
50～54歳	806,163	467,837	338,326
55～59歳	607,248	312,233	295,015
60～64歳	552,221	264,934	287,287
65～69歳	425,752	259,014	166,738
70～74歳	185,974	175,233	10,741
75～79歳	87,546	132,730	45,184
80～84歳	39,750	113,000	73,250
85～89歳	14,063	78,708	64,645
90～94歳	2,965	31,169	28,204
95～99歳	519	6,933	6,414
100歳以上	126	1,176	1,050
総数	16,323,713	12,917,818	3,405,895
20～59歳	11,972,605	8,973,328	2,999,277
20～39歳	8,043,456	6,596,183	1,447,273

2015年国勢調査より荒川和久作成。

いうことになる。この事実も、意外に知らない人が多い。これは、日本に限らず、全世界的な傾向である。人口の多い中国に至っては、3000万人以上もの男余りだと言われている。国ひとつ分のレベルで「結婚できない男」がいるということだ。

男余りのエリアは東日本に集中

日本は全国的に男余りであるが、エリアによっても偏りがある。各都道府県の20～50代未婚男女の差分を当該年代の男性の総数（配偶関係不詳は除く）で割ったものを「男余り率」として、私が独自に算出し、ランキングにしてみた（図1―10）。

これによると、男余り率の1位は茨城県、2位栃木県、3位福島県、4位群馬県。なぜか北関東周辺の隣り合う4県が上位を独占している。これは、20～30代の適齢期の年代で出しても同様である。

一方、男余り率が低いのは、1位福岡県、2位奈良県、3位鹿児島県である。上位10位の中に九州エリアが5つも入っている。九州男児は結婚しやすいということだろうか。

図1-10　都道府県別男余りランキング

		男余り率	男余り人数			男余り率	男余り人数
	全国	10.0%	2,999,277	24	石川県	10.6%	28,715
1	茨城県	15.3%	110,417	25	山口県	10.3%	31,121
2	栃木県	15.1%	75,870	26	宮城県	9.9%	56,434
3	福島県	14.8%	67,520	27	香川県	9.4%	20,487
4	群馬県	13.9%	66,489	28	広島県	9.4%	63,093
5	愛知県	13.7%	269,589	29	沖縄県	9.3%	33,134
6	静岡県	13.6%	121,934	30	徳島県	9.3%	15,328
7	富山県	13.3%	32,775	31	高知県	8.4%	13,013
8	山梨県	13.2%	25,962	32	岡山県	8.3%	36,072
9	新潟県	13.1%	70,049	33	大分県	7.9%	20,059
10	岩手県	13.0%	38,212	34	和歌山県	7.7%	16,161
11	山形県	13.0%	32,823	35	愛媛県	7.6%	22,861
12	秋田県	12.8%	27,878	36	佐賀県	7.1%	13,032
13	埼玉県	12.7%	241,923	37	東京都	6.6%	252,178
14	長野県	12.7%	60,850	38	宮崎県	6.4%	15,119
15	神奈川県	12.4%	306,943	39	京都府	6.2%	38,290
16	島根県	12.4%	18,496	40	北海道	6.2%	76,642
17	福井県	12.1%	21,832	41	熊本県	5.9%	23,272
18	千葉県	12.0%	189,686	42	長崎県	5.7%	17,080
19	鳥取県	11.6%	14,834	43	兵庫県	5.3%	68,871
20	三重県	11.4%	48,983	44	大阪府	4.7%	100,714
21	青森県	11.2%	32,912	45	鹿児島県	4.3%	14,838
22	滋賀県	11.1%	38,863	46	奈良県	4.0%	12,001
23	岐阜県	10.8%	51,060	47	福岡県	3.8%	44,862

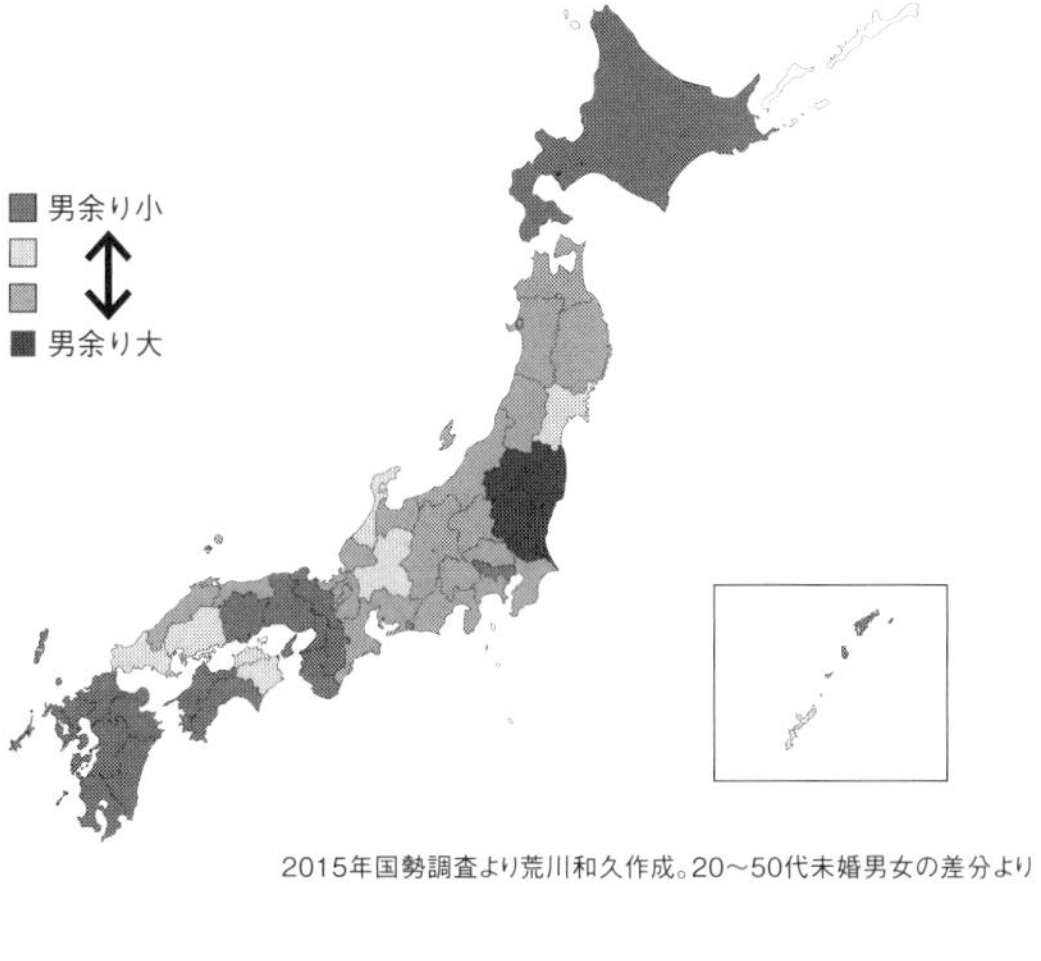

2015年国勢調査より荒川和久作成。20〜50代未婚男女の差分より

だからといって、決して北関東の男がダメで、九州の男がイケてるということではない。そもそもの未婚者若年人口の流出入の影響である。北関東は若年女性が流出し、逆に福岡や大阪などは若年女性が流入している。その証拠に、男女ともに人口流入が集中している東京の男余り率は低い。

みなさんのお住まいのエリアはどうだったろうか?

日本は時間差一夫多妻の国

日本では、民法732条で規定されているように、法律上は「一夫一婦制」となっている。

しかし、これは同時期に重婚してはいけないというだけで、複数の相手との結婚を禁止するものではない。つまり、離婚して再婚し、また離婚しては再婚し……を繰り返している人は、ある意味「時間差一夫多妻(一妻多夫)制」を生きていると言える。

現代の日本は3組に1組が離婚しているが、それと連動して再婚件数も大きく増えて

図1-11 年間婚姻数と再婚数の推移

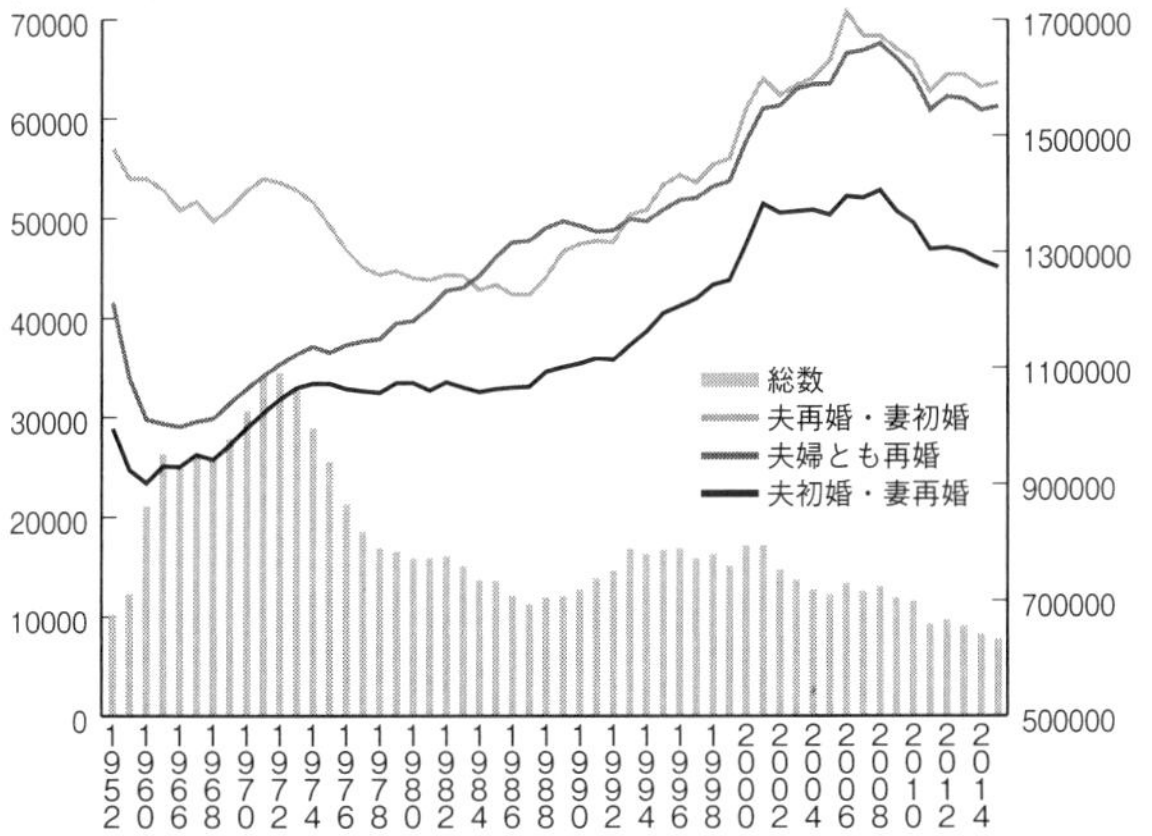

厚生労働省「人口動態統計」より荒川和久作成。

いる。婚姻総数はずっと下がり続けているのに対して、再婚数は上昇している。注目したいのはその再婚の組み合わせの形態だ。

終戦間もない1950年当時は、「夫再婚×妻初婚」の組み合わせが圧倒的に多かった。ところが80年代頃から、「夫婦ともに再婚同士」の組み合わせが同等に増え、その傾向は今も継続中である。以前より増えているとはいえ、「夫初婚×妻再婚」という組み合わせがもっとも少ない。ここから言えるのは、再婚するのは男の方が多く、その相手は初婚の女性が多い。

つまり、生涯未婚の男が増える一方で、何回も結婚を繰り返す男がいることになる。これが、男余り現象のふたつ目の要因ともなっている。

稼げないから結婚できない男、稼ぐから結婚できない女

生涯未婚率と個人の年収との間には強い相関がある。しかし、男性と女性とではその相関は正反対だ。男性は年収が低いほど生涯未婚率が高くなるのに対し、女性は、年収が高くなるほど生涯未婚率があがる。つまり、男性は自分より年齢・学歴・収入の低い女性を希望し、逆に女性は、それらが自分より高い男性を選びたがるという傾向で、これは、別名「男性の下方婚、女性の上方婚志向」と呼ばれるものである。

就業構造基本調査の２０１７年及び２０１２年との比較で見ても、その傾向はより強まっていることがわかる。年収別の男女生涯未婚率について見ると、男女とも5年前と比べて、全体的に上昇している。注目すべきは、低年収男性と高年収女性の生涯未婚率だけが大きく伸長している部分だろう。

図1-12 年収・男女別生涯未婚率の比較(2017年／2012年)

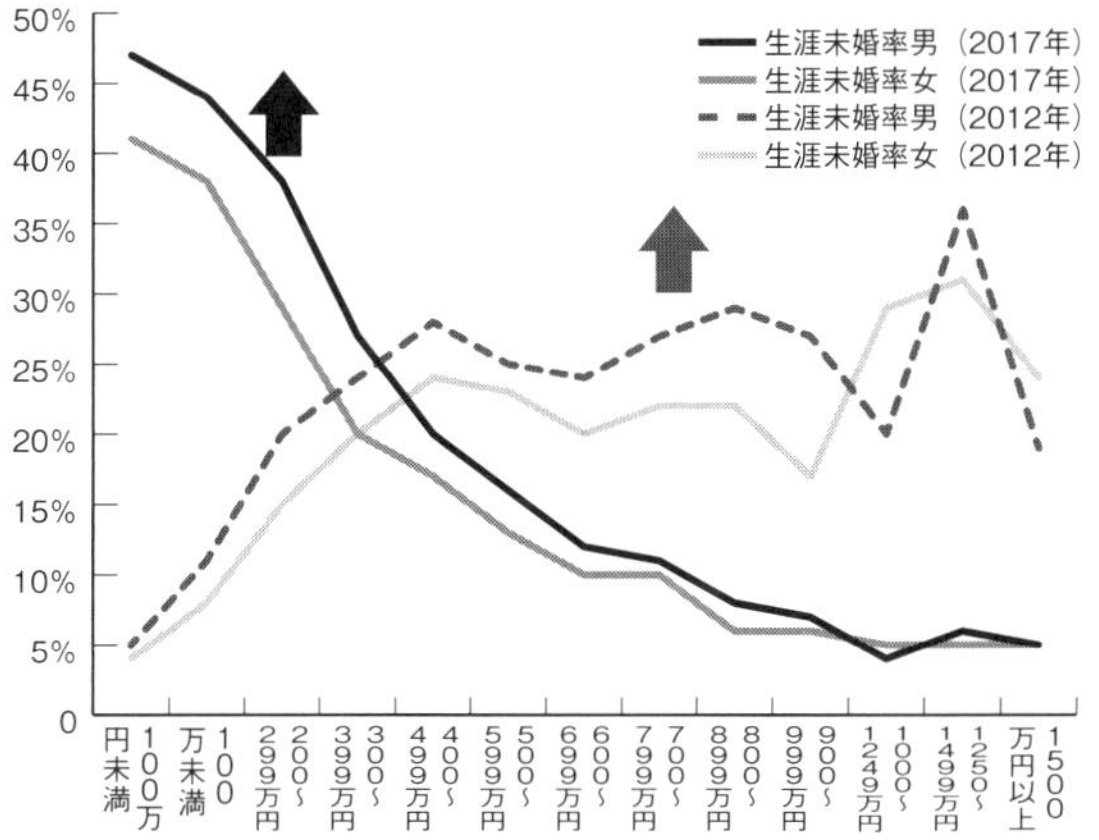

「就業構造基本調査」より2017年と2012年の年収別生涯未婚率を比較して荒川和久作成。

図1-13 男女別生涯未婚率の都道府県分布

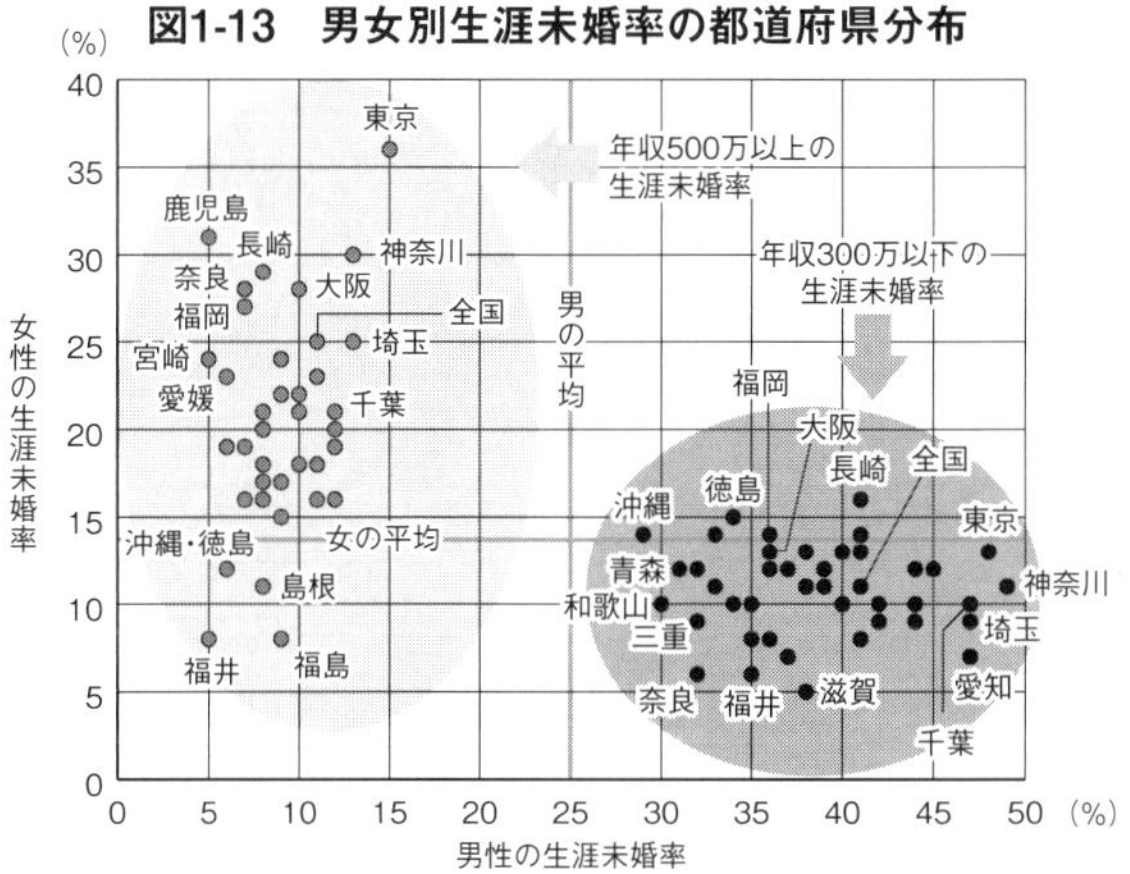

「2017年就業構造基本調査」より有業男女の当該年収対象者だけを抽出して荒川和久独自に作成。

男性の場合、既婚も含めた全国平均レベルである４００万円未満の年収では、生涯未婚率がすべて５％以上上がっている。逆に、女性では４００万円以上の年収での生涯未婚率が大きく上昇している。年収４００万円台の女性では生涯未婚率28％、８００万円台の女性でも29％、絶対数は少ないが、１２５０〜１５００万円未満の女性に至っては、36％が生涯未婚なのだ。女性全体の生涯未婚率は２０１５年の国勢調査では約14％なので、稼ぐ女性たちは全国平均の倍以上が未婚であるということになる。

「男は金がないから結婚できず、女は金を稼ぐから結婚できない」という事実がここにはある。

東京は女性が結婚できない魔のエリア

圧倒的男余りの東日本の中で唯一、東京だけは例外である。東京も未婚男性の方が多いが、男余り率全国平均10％に対して、東京は６％台と平均以下なのだ。東京の女性の生涯未婚率は、19％と全国１位である。男が余っていて、女性にとってはよりどりみど

図1-14　都道府県別生涯未婚率全国平均

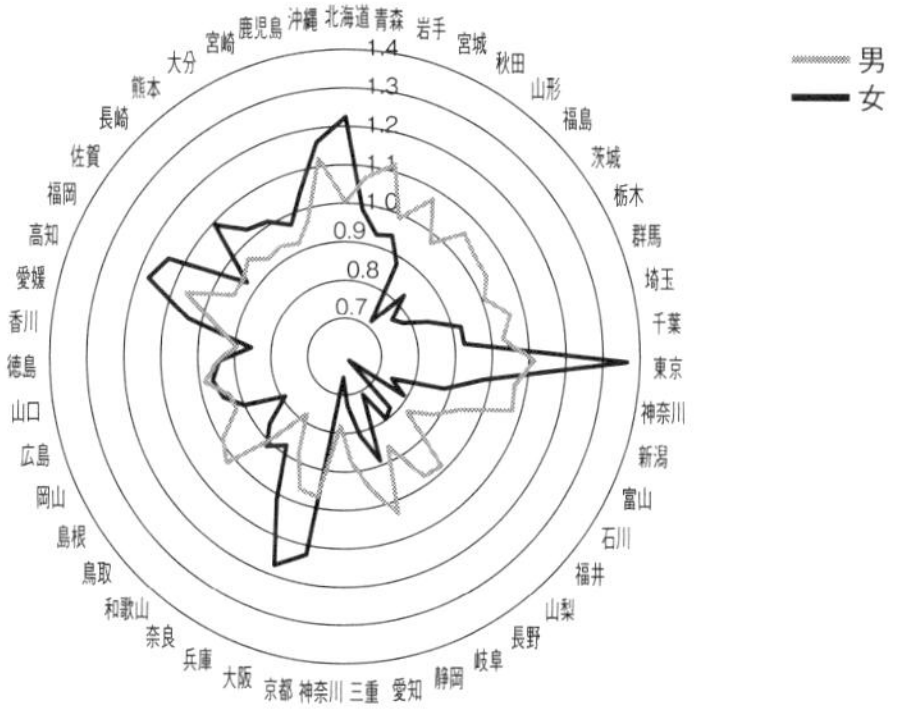

2015年国勢調査より、各都道府県別男女別生涯未婚率を全国男女別平均値と比較したもの。

りのはずの東日本の中で、東京だけが「女性にとって結婚しにくいエリア」となっている。

都道府県別の生涯未婚率を、男女ともに全国平均比で比較した図1―14を見ると、男性は男余り率を反映したかのように、東北〜関東〜北陸にかけてが平均より高い。一方女性は、東京だけが異常に突出していることがわかる。

東京の女性の生涯未婚率が高い理由は、年収が高い女性ほど生涯未婚率が高いことによる。高年収の未婚女性の構成比は、圧倒的に東京圏（東京・神奈川・埼玉・千葉の1都3県）に集中している。特に、年収700万円以上の未婚者は、男女とも50%以上が1都3県の居住者で占められている。東京圏への過度な人口流入と集中は、それ自体でも問題視されているが、東京に流入する人口のほとんどが若年層であることを考えると、今後も進む東京一極人口集中化は、さらなる未婚率の上昇を招くおそれがあると言えよう。

誰もが晩年は、ソロに戻る

未婚男女の偏りだけではなく、高齢の独身者についてもエリアの偏りがある。そんな高齢ソロ男女がどの都道府県に多いのかについてまとめたのが、図1—15だ。65歳以上の未婚・離別・死別の独身者の合計である。高齢ソロ率の男性1位は沖縄、女性1位は青森だが、なぜか九州地方の各県が男女とも独身率が高いというのも興味深い。

しかし、なにより驚愕するのは、高齢女性のソロ率は全国平均でも48%もあることだ。ほぼ半分の高齢女性は独身ということである。独身率50%を超える県が22もあることも驚きだ。これは、夫に先立たれて一人になってしまった高齢女性が多いからである。社

図1-15 都道府県別高齢ソロ率ランキング

	男性		女性			男性		女性	
1	沖縄	25.4%	青森	55.1%	25	大分	19.5%	新潟	49.4%
2	高知	23.3%	鹿児島	53.8%	26	佐賀	19.4%	山梨	49.1%
3	東京	22.3%	高知	53.8%	27	宮城	19.4%	宮城	49.1%
4	鹿児島	21.9%	長崎	53.5%	28	埼玉	19.3%	広島	49.1%
5	大阪	21.6%	秋田	53.4%	29	京都	19.2%	東京	49.0%
6	徳島	21.2%	佐賀	53.0%	30	島根	19.2%	大阪	48.8%
7	群馬	21.2%	鳥取	52.7%	31	千葉	19.2%	香川	48.8%
8	福島	21.0%	福岡	52.3%	32	香川	19.1%	兵庫	48.8%
9	長崎	20.7%	岩手	52.3%	33	兵庫	19.1%	岡山	48.5%
10	福岡	20.7%	山口	52.1%	34	広島	19.1%	京都	48.3%
11	山梨	20.6%	和歌山	52.0%	35	愛知	19.0%	三重	47.7%
12	青森	20.5%	愛媛	51.8%	36	新潟	19.0%	栃木	47.6%
13	栃木	20.4%	熊本	51.7%	37	山形	19.0%	静岡	47.6%
14	宮崎	20.4%	徳島	51.6%	38	秋田	18.9%	群馬	47.2%
15	和歌山	20.2%	宮崎	51.5%	39	長野	18.3%	岐阜	47.1%
16	神奈川	20.1%	大分	51.4%	40	岡山	18.2%	長野	46.6%
17	愛媛	20.0%	島根	51.1%	41	福井	18.0%	愛知	45.8%
18	北海道	20.0%	北海道	50.4%	42	三重	17.7%	奈良	45.7%
19	鳥取	19.9%	山形	50.4%	43	岐阜	17.3%	茨城	45.6%
20	岩手	19.9%	福島	50.2%	44	石川	17.1%	滋賀	45.6%
21	山口	19.7%	沖縄	50.0%	45	富山	17.0%	神奈川	45.2%
22	熊本	19.6%	富山	50.0%	46	滋賀	16.5%	千葉	43.9%
23	静岡	19.6%	石川	49.8%	47	奈良	16.1%	埼玉	43.3%
24	茨城	19.5%	福井	49.5%		全国平均	19.9%	全国平均	48.6%

2015年国勢調査より。65歳以上の未婚・離別・死別を合算。総数より配偶関係不詳を除く。

人研による2040年の将来推計人口でも、高齢ソロ女は約1250万人にも達する見込みだ。一方、高齢ソロ男も約500万人にもなる。たとえ結婚したとしても、5人に1人の高齢男性は、その晩年には独身に戻る可能性がある。

47都道府県全部女性の方が高いのだが、なぜか東北や北陸といった雪国は女性のソロ率が男性より高い。

一方、その差分が小さいのが関東周辺のエリアである。関東地方の男性が長生きなのか、逆に関東地方の女性が短命なのか、その原因までは不明だが、この傾向は興味深い。

そもそも男女とも3割しか恋愛できない

未婚化に対し「若者の草食化」とよく言われるが、実はいつの時代も恋愛能力のある男女は3割程度しか存在しない。これを「恋愛強者3割の法則」と私は名付けた。

社人研の出生動向基本調査を1982年から見ても、恋人のいる男性は21〜27%の間であり、2015年の21・3%も、30年以上前の1982年とほぼ一緒である。つまり、現在50歳以上のおじさんも、若い頃は現在20代の男子も変わらない。7割は彼女なんていなかったのだ。女性も一時2002年に37%と最大値を記録したものの、2015年には3割に落ち着いている。男女で比率に差がある点が気になるかもしれないが、これは男性が複数の女性と付き合っているということではなく、先に示した「男余り現象」によるものである。ちなみに、恋愛強者とルックスの良さとの間には相関がある。「容姿に自信がある」率も、男女とも3割程度なのだ。

ところで、「成功の見込みがわからない中で相手に告白」できる男がどれくらいいるか、ご存じだろうか。ソロ男28%、既婚男性29%と、これも3割なのだ。逆に言えば、

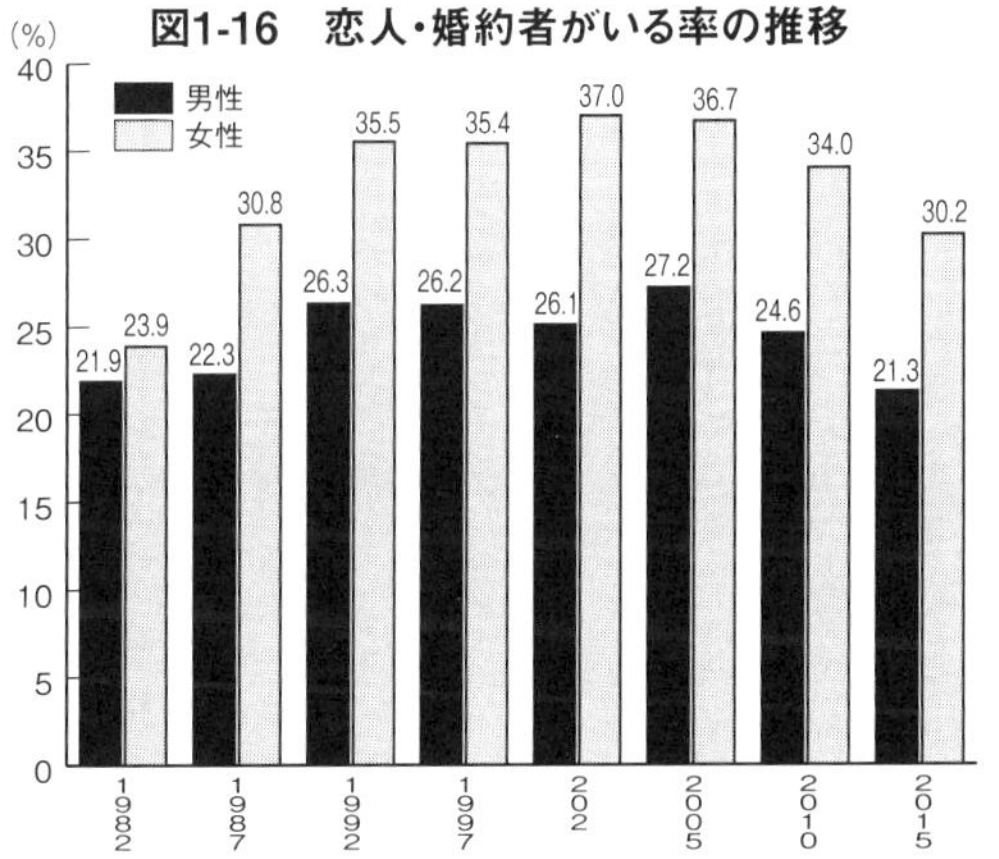

図1-16 恋人・婚約者がいる率の推移

1987年以降 国立社会保障・人口問題研究所「出生動向基本調査」より
1982年は国立社会保障・人口問題研究所「1982年第8次出産力調査」より荒川和久作成 。

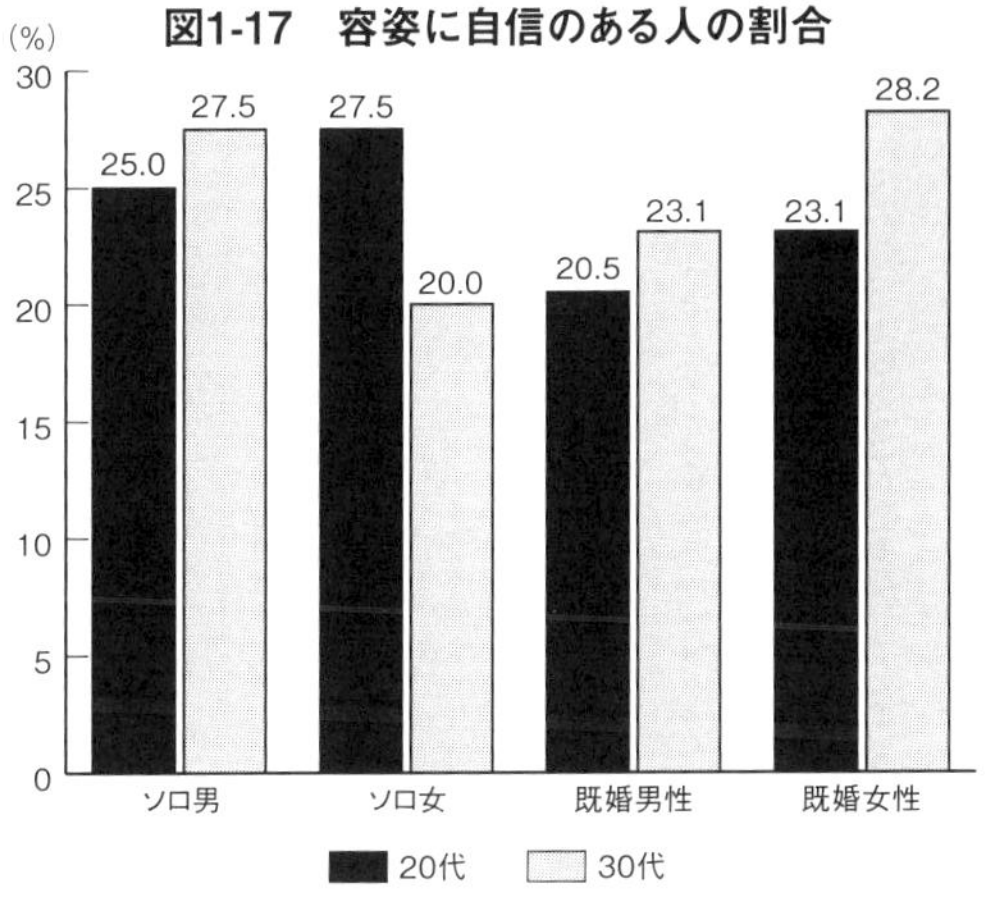

図1-17 容姿に自信のある人の割合

2018ソロもんラボ調査 全国20-50代男女N632より荒川和久作成。

失敗を恐れずアプローチできる男が恋愛できているという証拠かもしれない。

戦争中に匹敵する多死時代へ

人口減少が不可避である最大の要因は、少子化でも未婚化でもない。日本はこれから「多死時代」へと突入するためだ。

２０７０年代には死亡率人口千対19・０に達するが、冷静に考えると、太平洋戦争後の１９５１年から２０１１年まで、死亡率わずか10・０未満の状態が60年間も続いたこと自体がむしろ稀有だったとみるべきだろう。戦後の日本の人口増加というものは、ベビーブームだけではなく、この「少死」現象によるものだった。死亡率ではなく、死亡者数でみると、２０２３年から約50年連続で、年間１５０万人以上が死んでいく計算になる。太平洋戦争時の１年分に匹敵する数である。戦争もしていないのに、戦争中と同等の人が死ぬ国になるのだ。しかも、２０６０年以降は全死亡者の９割が75歳以上で占められることになる。今後、婚姻数が劇的に増えても、出生率が大幅に改善しても、人

図1-18　日本は多死社会へ

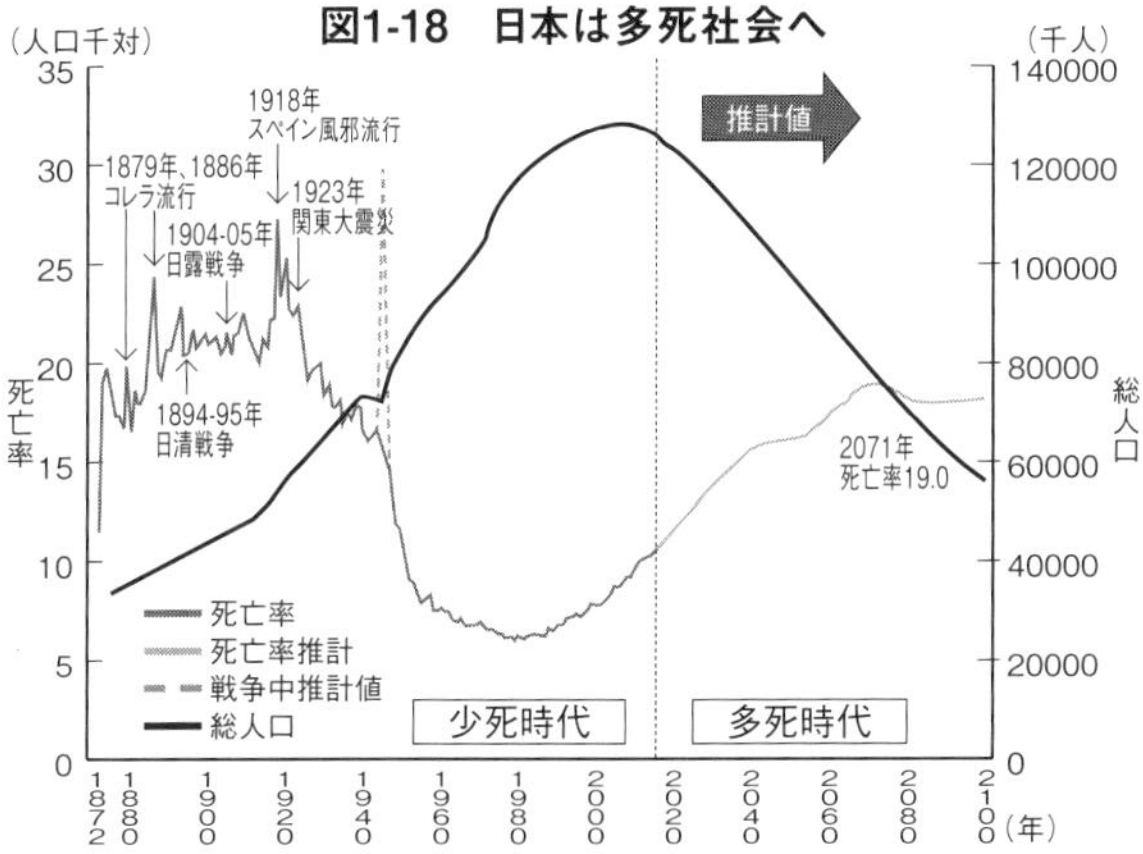

2015年までは「人口動態統計（1950年〜1972年には沖縄を含まず）」より。
2016年以降は社人研2018年「将来人口推計」より荒川和久作成。1944〜46年の死亡率は推計値。

図1-19　年齢別死亡者数推移

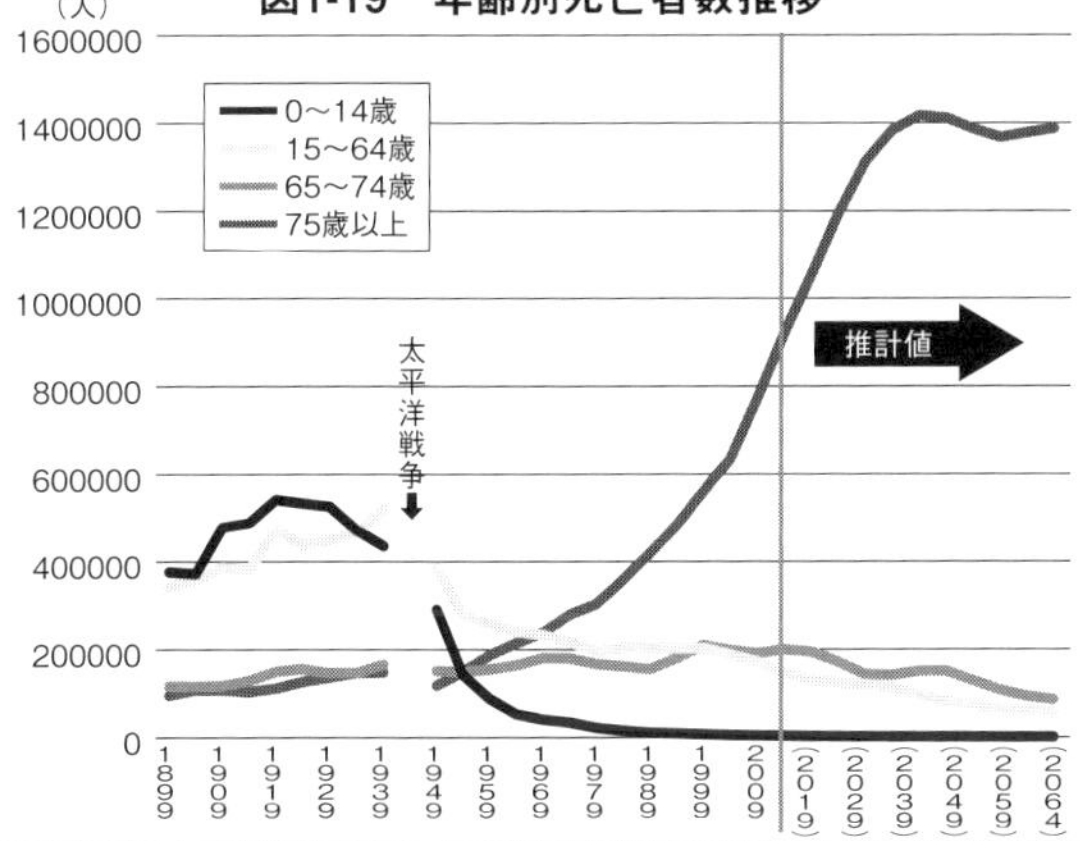

2016年までは『人口動態統計（1950年〜1972年には沖縄県を含まず）』より。2017年以降は、社人研2018年「将来人口推計（出生死亡中位）」より荒川和久作成。死亡率は人口千対。1944〜1946年に関しては、資料不備のため空白。

口減少に歯止めをかけられるものではないことは、これでおわかりだと思う。

未来の適応戦略「ソロエコノミー」

出生率を上げて人口を安定させることは、社会にとって必要なことではあるが、人口学的には、人口構造の新陳代謝には少なくとも100年はかかると言われている。その間、多死状態が継続するわけで、いつまでも「できもしない人口減少回避」を叫び続けるのは不毛なのだ。もはや、私たちは、この現実を直視し、「人口は減り続ける」という現実を前提に、適応戦略を考えないといけないフェーズに来ている。

人口が今の半分の6000万人になってしまう未来を悲観するのではなく、6000万人になってもやっていける未来を構築する。そうした視点に考え方をシフトしていくべきだと思う。厳しい現実から目をそむけず、その現実に向き合い、行動すること。それが未来を生きる適応力ではないだろうか。

その大きなカギが、ソロエコノミーである。

第2章　ソロエコノミーがやってくる

「ソロ」という単語を使った理由

もともと独身という言葉は、「シングル」という言葉で表されていた。英語表記でも〝single〟が普通だ。しかし、私はあえて意図的に「ソロ」という言葉を使った。

ソロという単語は、単独活動する音楽アーティストを指す言葉としてよく使われる。バンド活動していた人が解散・脱退によってソロ活動する場合もあるが、はじめからソロでやっている場合にも使用する。また、バンドでも楽曲の途中でメインとなるパートを一人で演奏する場合にもソロという言葉を使う。オーケストラやバレエなどの舞台でも一人スポットライトを浴びる主役を「ソリスト」とも呼ぶ。六耀社刊の「ソリストの思考術シリーズ」では、ソリストとは独奏する人ではなく、「独創する人」と定義しているが、まさにその通りで、「進むべき道は己で選び、切り開く自立した人」こそがソロアーティストであり、ソリストなんだと考える。

つまり、従来のシングルや独身という言葉ではなく、あえてソロという言葉を使ったのは、そこに自立心があるかどうかがポイントだったのである。ソロとは、そうした自立した独身を指すのだ。

一方、独身を揶揄する言葉に「ぼっち」というものがある。これは自発的にその状態を選択したというより、受動的に「一人ぼっち」にさせられた状態を指す。かつては学校のいじめでも使われていた。しかし、ソロとは自発的に選択した結果としての状態であり、そしてその状態に納得しているのだ。それが、今までの「シングル」とは違うところだ。

「前提」だった結婚

「未婚」という言葉も、考えてみれば不思議な言葉である。「未だ婚姻していない」という意味で、そこには「いつかは結婚する」「結婚をしていない未成熟な状態」という意味が込められている。英語でもunmarriedという言葉が使われる。国際的にも人は結婚するのが当たり前という前提なのだ。

独身者を「ソロ」と私が言い始めた当初は、使うたびに「なに、それ?」と笑われたりしたものだった。ところが、２０１５年に『結婚しない男たち』、２０１７年に『超ソロ社会』を続けて上梓し、テレビ・新聞・ラジオ・雑誌などメディアにも多数露出したおかけで、「ソロ男・ソロ女・ソロ活・ソロ充」という関連語とともに、徐々に認知を広げていった。

その少し前は、ひとりで外食することを「おひとりさま」と言っていたが、今では「ソロ飯」や「ソロ焼肉」「ソロ酒」などというように、ソロを使う例が増えている。「ひとり旅」と言われていたものも「ソロ旅」という言葉が使われていることが少なくない。特に「ソロ活」に関しては、すべてを包含するネーミングとして多くの媒体やコンテンツで使われ始めている。

独身とソロの違い

ここで、本題に入る前に、前提として「独身とソロとはどう違うのか」について触れておきたいと思う。「同じではないのか？」と思っていた方も多いと思うが、実は違うのだ。

第一章で紹介した通り、日本の独身人口は確実に増加する。単身世帯が4割に達し、独身人口は5割になる。しかし、独身を一括りにはできない。なぜなら未婚者の中には、数年以内に確実に結婚する「既婚予備群」も含まれているし、状態としては独身であっても、離婚や配偶者と死別した独身もいれば、シングルマザーなど子を持つ独身もいる。中には、法律上は既婚者であっても、配偶者と完全別居状態の「事実独身」もいるだろう。

つまり、未婚男性＝ソロ男ではないし、未婚女性すべてがソロ女ではない。離婚や死別によって独身に戻った人がすべてソロ男女というわけでもない。状態として独身であるかどうかが重要なのではなくて、生活価値観としての「自由・自立・自給」の3価値観を持つ者をソロ男女と定義して、以降は話を進めていきたいと思う。

自由・自立・自給の3価値観とは、「一人の時間を大切にしたい」「他者の干渉を受けたくない」「誰かに頼りたくない」という部分をすべて満たしていることが条件になる。私の調査によれば、男女とも40～45％がそれに該当する。これは既婚者も含めての数字である。ここは大事なところだが、要するに、結婚する人とソロ男女は別種ではない。結婚していてもソロ男・ソロ女は存在する。夫婦共働きで、互いの財産を別々に管理しながら共同経済生活としての結婚形態をとる夫婦もいる。彼らの消費行動は、限りなくソロのままが多い。

さらに言えば、自立心の強いソロ男とソロ女同士の結婚は、案外うまくいくパターンも多い。そして、そうした人たちでも、いざ子どもができると価値観が変わり、家庭的なよき父・よき母に変貌する場合も多い。

人間の価値観は決して不変なものではなく、環境や関係性に応じて変化するものだ。逆に、独身であってもそういう価値観のない人は、「単なる独身者」であり、ソロ男女と彼らとは消費行動も生活価値観もまるで違う。

本書は、人口の半分が独身となるソロ社会の未来を経済的視点にてまとめたものなので、その中において中心的役割を果たす「消費意欲の旺盛な現役世代（20〜50代）の独身者」をソロ（ソロ男・ソロ女）と呼ぶことにする。

図2-1 20〜50代の配偶関係別年収構成

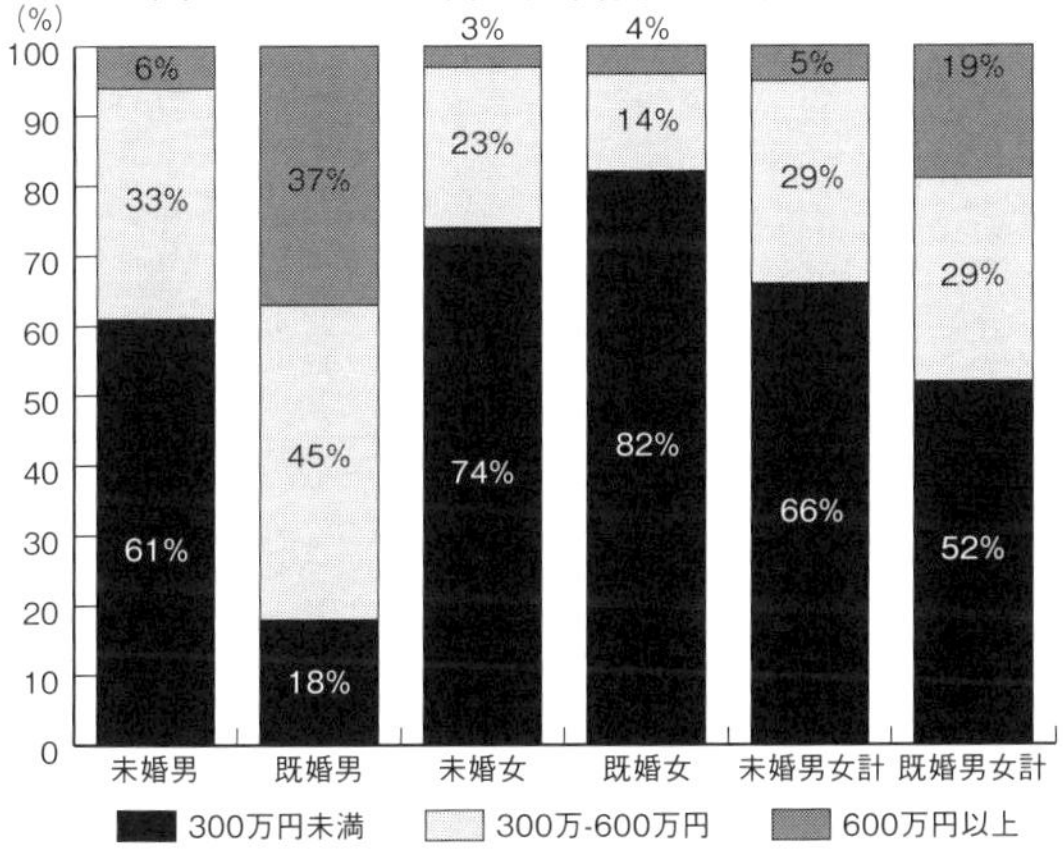

総務省「2017年就業構造基本調査」より20〜50代男女有業者のみを抽出して荒川和久作成。

決して低くはないソロの消費力

「どんなに未婚化がすすんだところで、家族の消費にはかなわないだろう」と思われるだろうか。たしかに、年収別の未婚率を見ると、「結婚できないのは金がないせいだ」とも言われるくらい、低年収男性の未婚率が高いことは事実である。２０１７年の就業構造基本調査によれば、全国平均年収である４００万円を超えている20〜50代の未婚男性は全国ではたったの27％しかいないし、３００万円未満の収入の未婚男性だけで全体の過半数を占める。

同調査のデータから、20～50代を抽出して、有業者及び無業者（学生も含む）全体を合計した年収別構成比を一覧にした（図2―1）。男性では既婚者は年収６００万円以上が37％に対し、未婚者はわずか６％。反対に、年収３００万円未満の未婚者が61％もいるのに対して、既婚者は18％。その差はなんと43％もある。これだけ見ると、未婚者は消費を動かす力があるとは思えないかもしれない。

しかし、よく考えてほしいのは、既婚者は一人で生活しているわけではなく、平均世帯人数３・４人以上の家族分をそれで養っている。共働き世帯が増加したからとはいえ、20～50代既婚女性全体のうち28％に当たる約５８０万人は無業者だ。有業者だとしても年収２００万円未満の割合が約６割と、事実上世帯収入の大部分は夫によって担われている。

男女合計した構成比に明らかなように、未婚も既婚も中間収入層の３００～６００万円台はちょうど29％で同等だ。３００万円未満の低年収層でも未既婚の差は14％に縮まっている。家族分を一人で支出負担する既婚男性がいることを考えれば、支出のほとんどを自分のために使えるソロの消費力が決して低いとは言えない。

独身貴族はソロ消費の主役ではない

次に、総務省の家計調査から単身の勤労者世帯の年収ごとの品目別年間消費支出を算出し、就業構造基本調査の単身世帯数と掛け合わせ、ソロ（単身生活者のみ）の市場規模を独自に推計したものが図2―2である。これを見ても明らかなように、ソロの市場は人口の多い年収300万円未満の層によって支えられている。年収600万円以上が大きくなるのは、外食費やファッション費、保健医療費など限られており、それでも低年収層の消費総額には到底及ばない。ほとんどの品目の市場の5割以上は300万円未満の層であり、600万円以上の層の貢献はわずか2割しかない。

ソロ市場というと、「独身貴族の消費力をあてにするもの」と勘違いされるのだが、決してそうではない。

最近は独身貴族という言葉自体ご存じない方も増えていると聞くが、この言葉の歴史は案外古く、最初に使われたのは40年以上前の1977年頃である。その頃は高度経済成長期が終わり、安定成長期と呼ばれた時代だ。当時は皆婚社会であり、当然、未婚化

図2-2　単身世帯の年収別費目別市場規模構成比

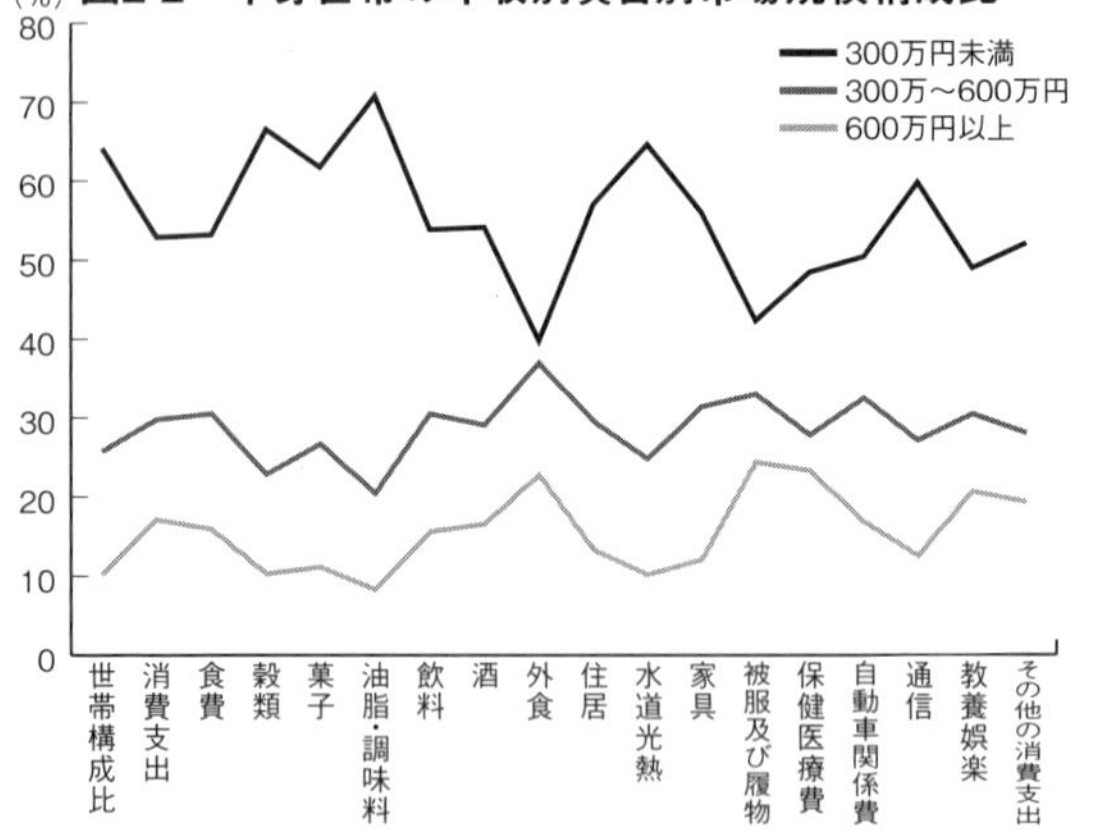

総務省2017年「家計調査」及び「就業構造基本調査」により、勤労者単身世帯年収ごとの年間品目別消費支出から市場規模を推計して荒川和久作成。

や少子化という言葉すらなかった。

独身貴族とは、本来「お金と時間を自分のためだけに使える存在」という定義であり、決して「裕福な金持ち独身」という意味ではない。が、「貴族」という言葉の力からか、リッチで好き勝手に遊びまくっているというイメージがつきまとう。

その要因には、ドラマの影響がある。典型的なのが、2006年に放映されたドラマ「結婚できない男」（フジテレビ）。主演の阿部寛演じる桑野信介（40歳未婚）は、有能な建築家で、高級マンションに一人で住み、一人きりの食事を好み、趣味はオーディオでのクラシック音楽鑑賞という、まさに裕福で自由な独身生活を楽しんでいるという設定だった。

さらに、2013年にはタイトルもそのままズバリの「独身貴族」(フジテレビ)というドラマが放映された。草彅剛演じる主人公の星野守は、映画プロデューサーで社長。もちろん未婚だ。第1話で彼が乗っていた車はロールスロイス・ファントムで、6・8リッターV12エンジンを搭載し、新車価格なら4000万円以上もする高級車である。

このように、物語での独身貴族は大体裕福に描かれることが多く、そうしたイメージの刷り込みが独身貴族という言葉に誤解を与えてきた。2017年、独身税の導入という話が石川県の主婦たちから提案され議論を呼んだが、それもこうした誤解に起因するのだろう。

しかし、実態は違う。ソロは決して裕福なわけではないし、高額な買い物をする特殊な消費者でもないのだ。

家族消費を凌駕するソロ市場

とはいえ、ソロ市場が無視できない規模に成長していることは明らかだ。ソロ市場の伸長推移については、スーパーやコンビニとの売上との相関を見るとわかりやすい。

男性の生涯未婚率が急上昇し始めたのは1990年以降だが、それはコンビニ売上高が急上昇し始める時期と見事に一致する。一方、標準世帯と言われた「夫婦と子」の家族世帯数は、ずっと横ばいだったが、それに合わせたかのように1998年頃からスーパーの売上も横ばいになっていく。高度経済成長期、スーパーの売上を牽引したのは、紛れもなく主婦だった。しかし、その後大きく拡大したコンビニのメイン顧客層はソロの男性客だったろう。

ソロの人口と売上規模との相関は外食産業でも見られる。図2―4は、「食堂・レストラン」の売上と「料理品小売」の売上推移を比較したものだ。

「料理品小売」とは簡単に言えば、惣菜など出来合いの食品を家で食べるために買うもので、内食や外食と区別して中食と言われる。スーパー同様、1998年以降はマイナ

図2-3 ソロ世帯数とスーパー・コンビニ売上との相関

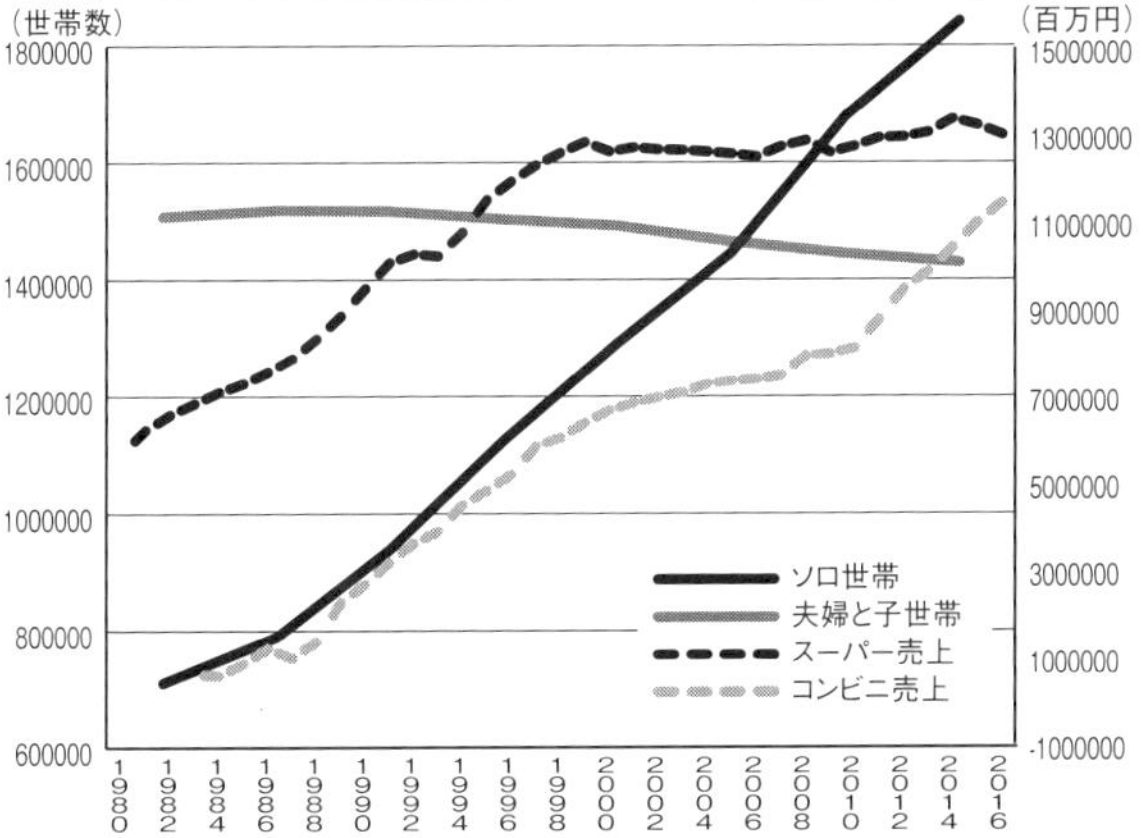

世帯数は国勢調査、売上は経済産業省「商業統計調査」より。
コンビニの2008年までは日本フランチャイズチェーン「FC統計調査(年報)」より

図2-4 ソロ世帯数と外食産業売上の相関

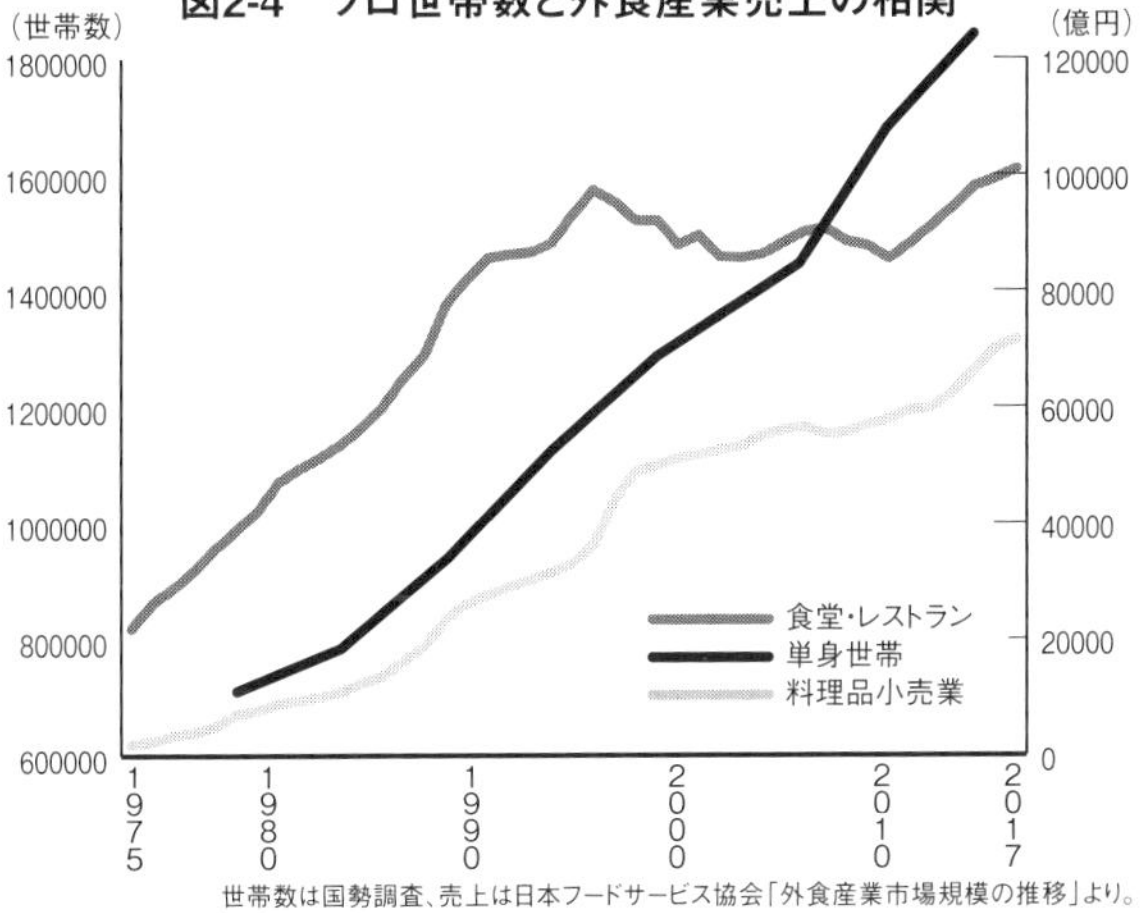

世帯数は国勢調査、売上は日本フードサービス協会「外食産業市場規模の推移」より。

ス基調に入った「食堂・レストラン」に対して「料理品小売」はその時期に大きく伸長し、今に至るまで上昇基調を続けている。そのグラフの形は、単身世帯数とほぼイコールの右肩上がりだ。

もちろん、主婦の食品の買い物がスーパーから料理品小売へ移行したということも考えられるが、こうした消費の業態変化の裏には、世帯類型の変化が大きな影響が与えている点を見逃してはいけない。「食堂・レストラン」の中でも、家族向けのレストランはちょうど90年代末から長期的な停滞期に突入し、２０１１年の底まで下がり続けている。

アイドルオタクが一番お金をかけていること

食産業だけではない。ＡＫＢグループなどによって大きく拡大したアイドル市場は、矢野経済研究所によれば、２０１８年には約２４００億円規模へと成長すると予測されている。

さらに、デジタルコンテンツ協会の「デジタルコンテンツ白書2018」によれば、アニメ市場(海外・物販・遊戯関連除く)が、2017年実績で約2700億円規模、スマホゲーム市場に至っては、もはや1兆3000億円を超える大きな市場規模である。チョコ市場5500億円、スナック菓子市場4300億円(平成29年菓子統計より)と比較しても遜色のない、大きな市場になっていることがわかる。

さらに、毎年夏と冬2回開催されているコミックマーケット(通称コミケ)は、マンガや小説、ゲーム、音楽などの同人誌の即売会だが、1975年に渋谷で始まった当初の来場者は、たった700人だった。それが、2018年は夏冬合わせて期間中約110万人が来場する大規模イベントに成長している。1日当たり20万人を集客するイベントは他にあまり類を見ない。その売上規模も200億円近くにのぼると言われている。アイドルやアニメ、コミケなどの市場の経済規模は、それ単体だけではなく、周辺への波及効果がある。交通費や宿泊費などの周辺消費を拡大させるからだ。

アイドルオタクと呼ばれるソロ男の消費実態追跡調査をしたことがあるが、彼らがもっとも使っている費用はCD代やライブ代など直接的なアイドル消費ではなく、全国各地のライブについてまわるための交通費と宿泊費だった。つまり、彼らはアイドルにお金をかける以上に、ホテルや交通機関の上顧客だったのである。

個人化する消費に合致するEC市場

スマホとの親和性によって発展した国内EC市場もソロの比重が大きい。経済産業省の資料によれば2007年時点5兆円だったEC市場は2016年には15兆円に達し、3倍増となっている。

EC市場と言えば、中国の勢いが凄い。毎年11月11日にアリババが実施している「独身の日」のセールでは、2018年の取引額308億ドル（約3兆5000億円）と過去最高記録を樹立した。

もともと、11月11日は光棍節といわれていた。光棍は独身という意味で、1が4つ並んでいることに引っ掛け、恋人がいない独身の記念日となった。1990年代に大学生から発祥したと言われる。その後、アリババが、自社のネット販売促進のために「独身の日、恋人のいない人はネットで買い物をしよう」と打ち出したのが2009年のことである。まだスマホが普及していない頃、ネットで買い物するのも若者しかいなかった。初年度の参加店舗はわずか27店舗で売上も0・5億元（約8・5億円）だった。それがこの10年で一気に4000倍以上の規模に伸長したのだ。

この独身の日について、日本では独身でないと買えないと思っている人が多いが、そんなことはなく、既婚者も高齢者も関係なく買える。元々は独身という属性を対象としたお祭りだったが、現代の独身の日とは、スマホ片手に、個人が自分のために買い物で気分を高揚させる日であり、言ってみれば、「個人化する消費」や「個人化する社会」のお祭りに進化した。

ソロ市場は総じて拡大しており、私にも海外の新聞やWEBメディアからの取材依頼も多い。日本のソロ社会化は、ソロ人口の増加だけではなく、個人化する消費という観点でも、世界的な関心事になっている。

ところが、そうした全独身の消費市場規模について、公式な国の統計は存在しない。家計調査には単身世帯の統計があるが、独身市場は単身者だけではないからだ。独身者全体の収入から逆算した独身者全体の消費金額は、私の試算では、２０２０年に１００兆円を超え、２０３０年には家族の消費額を上回る見込みである。今後は独身の消費力が市場経済を左右する「ソロ経済社会＝ソロエコノミー」がやってくると言っても過言ではない。

親元未婚という「見えない消費者」

ソロ社会化といっても、すべての独身が一人暮らしをするわけではない。親元に同居する独身者の増加も甚だしい。

総務省統計研修所の西文彦著「親と同居の未婚者の最近の状況」というレポートによれば、２０１５年時点で、未婚者のうち20～50代の親元未婚者は男女合わせて約１４３０万人。未婚者人口全体に占める割合は68％と、約７割の未婚者が親と同居していることになる。

20代前半ならば学生や低収入のために親との同居はやむをえないかもしれない。しか

図2-5 親元未婚者数の推移

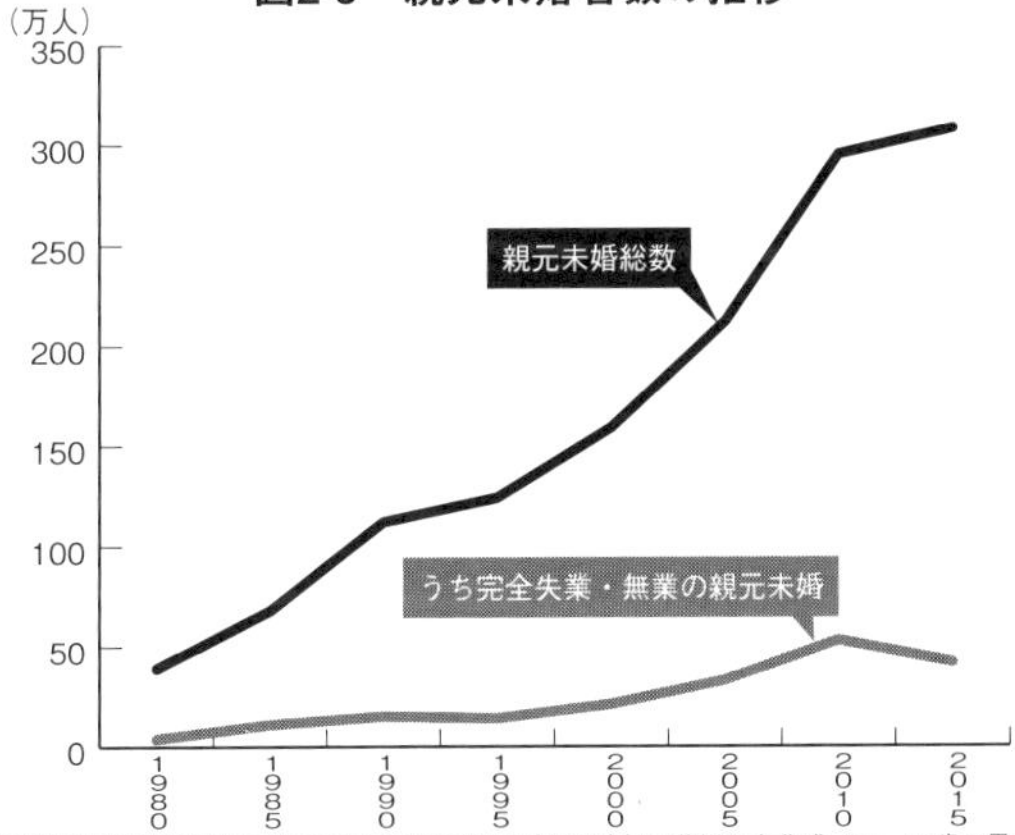

総務省統計研修所「親と同居の未婚者の最近の状況(2016)」より荒川和久作成。35〜40歳の男女合計。完全失業・無業の親元未婚は、臨時雇い・日雇いを除く。

し、アラフォー世代であっても、親元未婚者数は男182万人、女126万人の計308万人。アラフォー未満の未婚者のうち約65%が親と同居している。人口比にすると親元未婚率は17%だが、これは決して低い数字ではない。1980年はわずか4・9%しか存在しなかったわけで、一気に3・5倍に増加したことになる。

こうした親元未婚の増加の始まりは、奇しくも生涯未婚率上昇の始まりと同じ1990年代のバブル崩壊時期以降である。この時期は、景気低迷に伴う雇用不安、給料の減少などで、ニートやパラサイト・シングルなどが騒がれだした頃である。では、親元未婚者とは、みなニートなど働かない未婚者ということなのだろうか。

総務省統計研修所の資料では、35～44歳のアラフォー親元未婚者のうち、「基礎的生活条件を親に依存している可能性のある数字」も出している。完全失業者、無就業・無就学者、臨時雇い・日雇いの3つをこの該当者として算出しているが、今回は、完全失業者、無就業・無就学者の合計値に絞って、1980年からの男女合計の推移を見てみることにする（図2―5）。

これで見ると、たしかに経済的に親に完全依存する無業の親元未婚者数は増加しているが、全体の上昇率と比べると微々たるものである。このデータを見る限り、決して「無業の未婚者が増えたから親元未婚が増えた」とまでは言えない。もちろん、総務省の就業構造基本調査によれば、たとえアラフォー世代であっても年収300万円以下（無業含む）の未婚者人口は全体の半数を占める。つまり、働いていないわけではないが、とても自ら家賃や光熱費を払って独立生活するほど余裕がないというのが正直なところなのだろう。

とはいえ、彼らは、単身者が必要経費として支払っている家賃や光熱費などを節約し、その分を自らの趣味や食費・交際費に充当する「賢い消費者」であるとも言える。地方では、親の敷地内に離れを作り、そこで暮らす疑似的一人暮らしをしている親元未婚者もいる。当然ながら、彼ら親元未婚者の消費動向は家計調査では把握しきれていない。世帯主ではないからだ。そうした親元未婚も含めた独身者の真の市場規模は、現状ではまるでわかっていないのである。

通用しなくなった「世代論」

ソロエコノミーを論じる上で、単に独身人口が増加するという量の問題だけを見ていてはいけない。質も変わる。世帯バランスが家族からソロ中心に移行すると、今までの家族消費の形がメインではなくなるからだ。

マーケティングの世界では、生活者の消費の傾向を探るために、よく「世代論」が活用されてきた。「団塊世代」「新人類世代」「バブル世代」「氷河期世代」「ゆとり世代」

など、生まれた年代の社会背景に応じて、共通の価値観から消費性向を捉えるというものだ。１９８1年から１９９６年に生まれた世代は、「ミレニアル世代」または、物心ついた時にはネットがあった環境から、「デジタルネイティブ世代」とも呼ばれる。

たしかに、同じ年代に生まれて、学校を出て、就職して、同じ年齢で結婚して親になるという一連の流れが共通だった時代は、「世代論」というのは役に立った。社会環境が世代の共通価値観に反映されていたからだ。

しかし、もはや全員がドリフターズやサザエさんの番組を見るような統一行動はしない。少年たちが皆野球選手に憧れることもない。大学を出て、東京の上場企業に正社員として入る者と、地方暮らしのまま高卒で就職した者とでは、所得格差も大きく開く可能性がある。晩婚化や未婚化が当たり前になり、初婚年齢もバラバラだ。人によっては20歳で親になる者もいる一方、40歳を超えてはじめて子ができる者もいる。さらに、結婚せずに一生を終える生涯未婚者もたくさんいる。同い年だとは言っても多種多様なのだ。同じ年代に生まれたというだけで簡単に一括りにはできない。

そもそも、「世代によって人間の価値観は違うのか？」という根本的な疑問が私の中にはある。かつて「新人類世代」と呼ばれた年代は今はもう50代半ばに突入している。彼らの中には、企業で役員になっている者もいるだろうし、早期退職でリタイヤしている者もいるだろう。

では、彼らが新入社員として入社した30年前、当時の上司は彼らをどう評していたか。1986年の新聞の記事にはこう書かれている。

「残業を命じれば断るし、週休2日制は断固守ろうとする」

「社費留学で海外にやると、帰国したとたん会社をやめてしまう」

……どうだろう？　そのまま今の新入社員にもいそうではないだろうか。

同様に、「イマドキの若者は、何事もホドホドでいいと思っているのか、自分らと比べて、ガツガツした気持ちが弱い」と感じている上の世代も多い。そのため、彼らの就職先の第一志望が公務員だというニュースを聞くと、大人たちは妙に納得してしまう。

こうした状況をふまえ、彼らを「無気力」だと大人は評するのだが、新人類世代の前の「シラケ世代」と言われた人たちも「三無主義（無気力・無関心・無責任）」と言われたことを忘れてはいけない。どの時代も若者は同じようなことを上の年代から言われているのだ。

　さらにさかのぼって、今から300年前、江戸時代中期の書物で、「武士道と云うは、死ぬ事と見つけたり」で有名な「葉隠」にも、以下のような記述がある。

「昨今の若者（武士）は、すべてにわたって消極的で、思い切ったことをしない」

「最近の男は、口先の達者さだけで物事を処理し、骨の折れそうなことは避けて通るようになってしまった」

　これも、そのままミレニアル世代の特徴と言っても通用する。江戸時代でさえも、変わらなかったのだ。

世代論は年長者が安心したいだけ

　結局、世代論というものは、上の世代の大人たちが安心するために、下の世代の若者を都合よくラベリングしているに過ぎない。極論すれば、いつの時代も若者は若者であり、おっさんはおっさんなのだ。

「いや、そんなことはない。自分たちの若い時と今とでは環境が全然違う。ネットもスマホもなかった時代や江戸時代と今を一緒にはできない」という意見もあるだろう。

もちろん、時代背景や環境、テクノロジーの進歩により、時代によって意識や行動が変化するのは当然のことだが、世代によってあたかも別の生き物が存在するかのような解釈は間違いだ。それこそ古代文明の時代から「最近の若者は……」という言葉があったように、若者は常に大人とは違うものであり、そうした若者も年をとると、かつて自分が嫌悪した「おっさん」へ変貌する。言い方を変えると、どんな人間も若い時は「自分が何者かわからずに悶々」としているものだし、年を取って安定を得ると「これでいいのだ」と現状保全したがる。それは至極当然のことだ。

さらに言えば、どの世代にも熱い奴はいるし、無気力な奴も一定数いる。世代という一括りでラベリングしてしまうと安心できるのだが、それが本質的な部分を見落とす原因ともなっている。

だからといって、世代論そのものを全否定はしない。「団塊ジュニア」「新人類ジュニア」などかつての世代が親となり、子に対する共通価値観を育む場合もあるだろう。家族の形態の中では、世代論は引き続き有効だと思う。

要するに、世代論とは「群の理屈」なのだ。安心強固な共同体に所属し、群としての力を発揮できた時代はそれでよかった。

しかし、何度も言うように、もはや社会は個人化する。皆が結婚する時代でもないし、全員が親になるわけではない。人口の5割が独身となるという時代において、すべてを群の世代論で片づけてしまうことはできない。こと消費行動に関して言えば、ソロなのか家族なのかでお金の使い方は大きく変わる。同じ20代でもソロと家族持ちの父親とでは全く違うのだ。言いたいのは、個で生きる人が増えるソロ社会において、かつての世代論は通用しないということである。

ソロの消費意識

ソロと家族の消費意識の違いについては、図2―6にある通り、はっきりとした違いがある。「消費行動に真剣なのは主婦」という固定観念があると思うが、ソロも負けて

図2-6 ソロと既婚者の消費者意識の違い

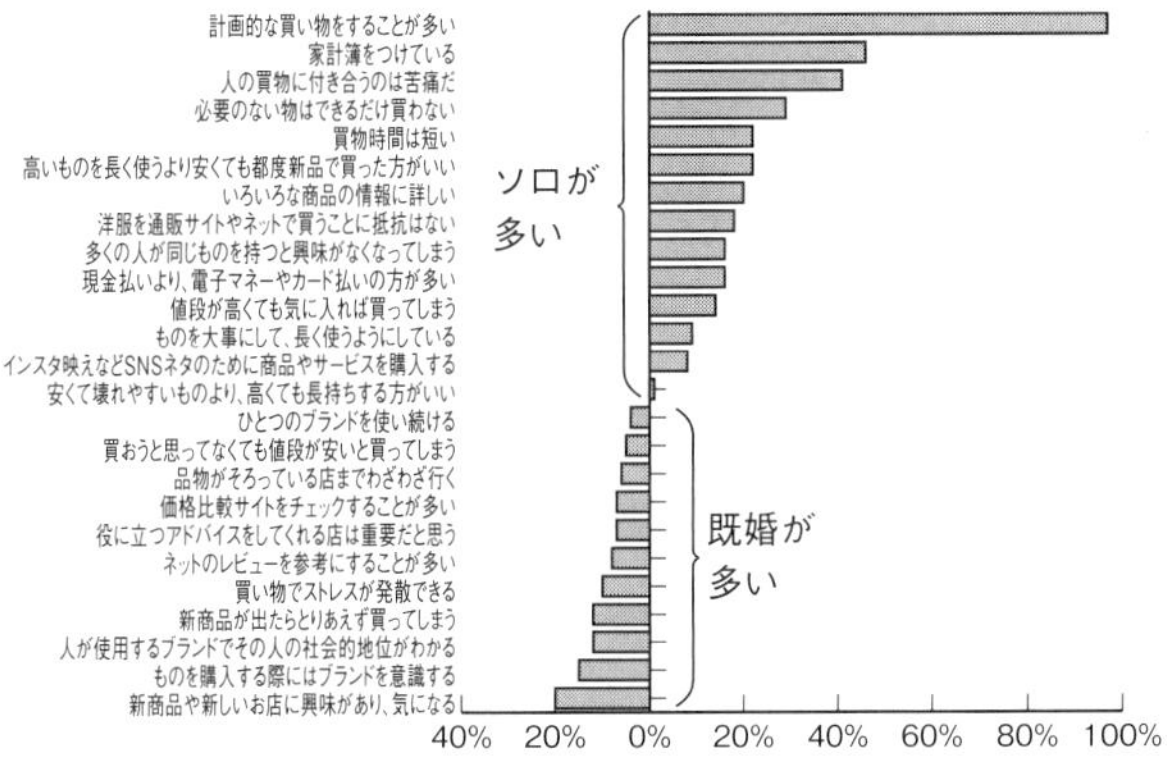

2018ソロもんラボ調査　全国20-50代男女ソロと既婚の差分　N=632

はいない。むしろ一人で自給していかなければいけない分、消費に対する意識は高い。

特に、「計画的な買い物をする」「必要のないものはできるだけ買わない」「買い物時間が短い」など、既婚者に比べて合理的消費行動をする傾向が強い。逆に、既婚者の方が「買おうと思っていなくても値段が安いと買ってしまう」など場当たり的な消費行動をしてしまっている。

同様の調査は２０１４年、２０１６年にも行っているが、ここ数年で大きく変わったのが、ソロの「家計簿をつけている」率の急激な上昇だ。２０１４年時点ではほとんど存在しなかった。これはいわゆる「家計簿アプリ」やスマホ決済の普及に伴い、家計簿をつけるソロが激増したものと推測される。

「みんな理論」も通用しない

さらに、以前は、ソロの方が事前にネットでの情報収集を行い、ネットのレビューを参考にする率が既婚者より高かったが、それも逆転されている。これは、ソロたちが事前に情報収集をしなくなったわけではなく、元来リアル店舗志向だった既婚者が追い付いてきたからである。

逆に、ソロたちは、広告チックな価格比較やレビューから遠ざかりつつある。レビューに関しては、芸能人によるヤラセ事件やサクラ・荒らしの書き込みの乱立で信用度も下がっている傾向にある。それよりも実際の使用者の評価を彼らのブログやインスタなどから得るという方向にシフトしている。

ソロと既婚の消費意識でずっと不変なのは、既婚の方が「ブランド信仰」が強いということだ。これも、ソロがブランド品を嫌悪しているのではなく、ソロが高額なブランド品を買えるだけの経済的余裕がないということでもない。彼らは、それが「ほしい」と思えば、金額の多寡は気にしない。極端な例では、4畳半のアパートに住み、食費や衣服費を犠牲にしてフェラーリを購入したソロ男もいる。

ソロに共通して言えるのは、「みんなが良いと言っているから」とか「テレビで広告しているから」といった今までの「みんな理論」に無条件に追随はしないということだ。自分がお金を出して払うものはあくまで自分の価値観で判断したいという気持ちが強い。世間を基準とした絶対価値より、あくまで自分を基準とした相対価値が重視されるのである。

家族は現状に満足、ソロは現状打破

それは、消費に対する興味関心の違いからもわかる。お金や時間をかけるべき対象としての興味関心について、ソロと家族とが大きく違うデータを次頁に示した。

図2-7　お金と時間をかける対象として興味関心が高いモノ・コト

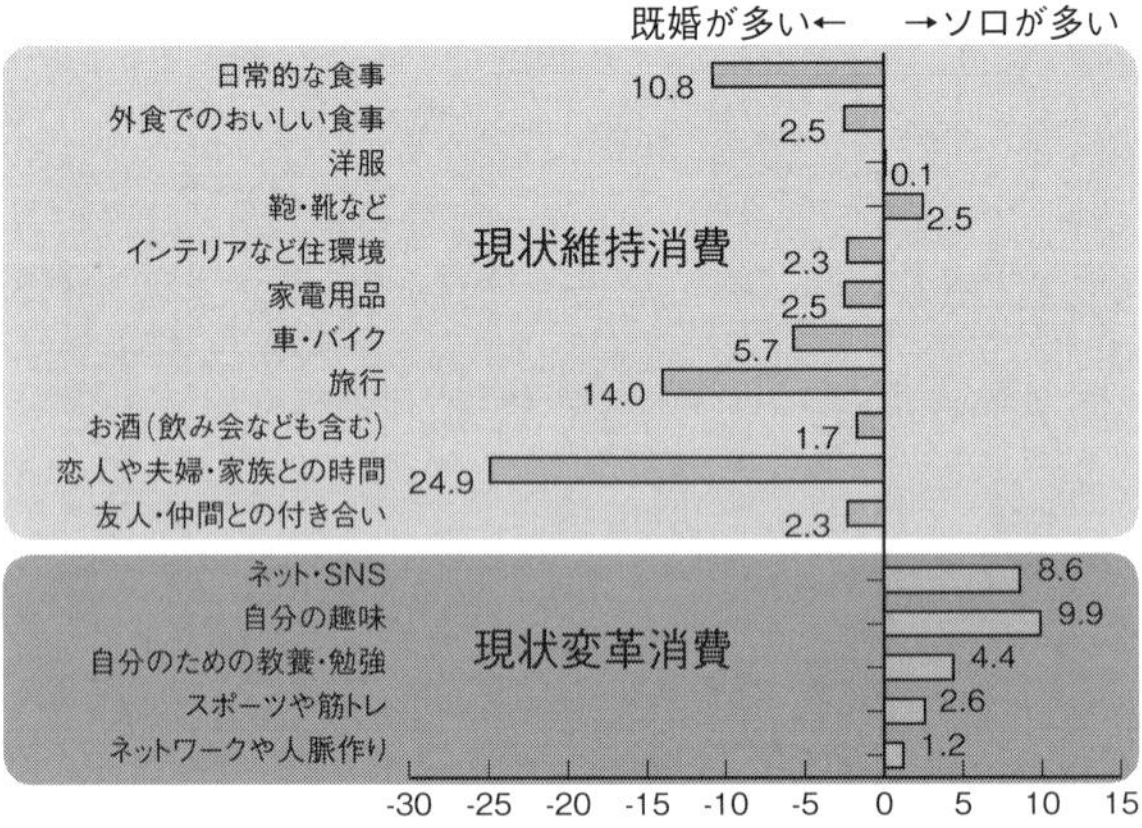

2016年ソロもんラボ調査　20〜50代男女 N=520。「関心が高い」とした比率の既婚とソロとの差分。

ソロと家族のそれぞれに「お金と時間をかける対象として興味関心が高いモノ・コトは何か？」を聞いたところ、家族は「家族で過ごす時間」や「旅行」のほか、「衣・食・住」など日常的なものに関心が高い。つまり、これは現状維持の方向性だ。

それに対して、ソロ男女は、「自分の趣味」「自分のための教養・勉強」「スポーツや筋トレ」「ネットワークや人脈作り」など自己実現や自己啓発関連に対する意識が高いことがわかる。オンラインサロンの隆盛はまさに彼らに支えられているようなものだろう。

家族は、現状に満足し、それを維持する「現状維持消費」傾向があるのに対して、ソロは現状を打破する「現状変革消費」傾向があるということだ。

ソロ生活者に芽生えた共通価値観

こうしたソロと家族との違いの根幹にあるものについては後ほど詳しく説明するが、ここでの結論としては、「生活環境が違うソロ生活者と家族生活者とでは、その消費行動は水と油ほど違う」ということである。これらを見逃して、未既婚関係なく、性別や年代という既存のデモグラ論法で見てしまうと、ソロからの評価も得られないばかりか、家族の評価も得られないという状況にもなりかねない。

もちろん、「ソロならば20代と50代とがまったく同じ価値観である」とは言わない。しかし、未婚化によって独身が増えたことで大きく変化したことがある。世代を超えた共通価値観が、ソロ生活者の中に芽生えてきているということだ。それは20代と50代の価値観が似通ってきたという意味ではない。特に男性の場合、ずっと未婚のままの50代ソロは、結婚して家庭を持った50代の父親とは大きく違う道を歩んでいる。むしろ、一人暮らしのソロ生活という環境が同じであれば、20代も50代もその消費行動は似てくるのだ。

誰とも同居していない一人暮らしということは、すべての行動が「ソロ活動」となるわけである。自分がしなければ誰もしてくれない。買物もまたしかり。食料も服も日用品もすべての買物を自分でこなさないといけない。そこにはソロならではの共通行動、世代を超えた特徴が存在する。

意識の面でも共通項はある。ソロであるということは、つまり親ではないということ。人は子を生み育て、親としての役割を果たす過程を経て親になる。親にならなければ、たとえ50歳になろうとも還暦を迎えようとも、子どものままなのだ。仕事や人生経験を積み上げ、社会的地位が高くなっても、ソロのままなら親にはなれない。親になるということは、職場という社会生活だけではなく、家庭というプライベート生活においても、守るべき社会規範を付与されるということだと思う。

「親らしく」「父らしく」という規範は、多少の不自由を感じたとしても、それによって達成感や自己の社会的役割を感じられるものだ。ところが、ソロは社会生活において「先輩らしく」「上司らしく」という規範と役割は与えられても、プライベート生活においては、「ずっと子どものまま」なのである。家族のためにいろいろ我慢を余儀なくされる既婚者とはそこが大きく違う。

逆に、ソロには、自分のためだけにお金を使う裁量権がある。消費において、その自由度の違いは大きい。

年代によって価値観や消費行動が変わるのではなく、未婚と既婚という生活環境の違いの影響が大きいのだ。その違いを無視して、単に年代だけで一括りにしてしまうと、大きな間違いをおかすことになる。

家族中心の統計しか存在しない現状

総務省の家計調査は１９４６年から始まった国の基幹統計のひとつであり（当初は「消費者価格調査」）、消費の実態を把握するのに有効な資料である。政府の政策立案にも参考統計として使用される他、企業のマーケティング活動にも利用されている。しかし、もともとは二人以上の家族世帯単位の調査であり、一人で暮らす単身世帯は対象外だった。国の統計として単身世帯が正式に加えられたのは比較的最近のことで、２００２年からである。調査自体は９０００世帯を「標本」として集計しているが、その９割が二人以上世帯であり、単身世帯はわずか８％程度の約７５０件しか集計されていないのが現実なのである。

相変わらず国民の消費動向というニュースにおいては、基本的に二人以上世帯、つまり家族のデータだけが使用されている。今や日本の単身世帯は２０１５年時点で35％に達しており、決してマイノリティとは言えない規模である。単身世帯の動向を無視しては、消費力を正確に把握しているとは言えないのだ。

総務省では現在、単身世帯のより正確な消費動向の把握に加えて、家族と同居する世帯員（多くは独身の子）の消費動向を把握すべく、家計ではなく「個計化への対応」を検討中のようである。

だが、何にお金をどれくらい使ったかというデータをいちいち覚えている独身者も少ない。そもそも調査に回答すること自体、面倒なのだ。本来なら、調査対象者の記憶という曖昧なものに頼るのではなく、対象者にはすべての決済を電子決済とさせた上で、自動的に消費実態を把握する方向が望ましい。とはいえ、現状の統計としては現「家計調査」に頼らざるを得ない。本書においてもそれを活用することとする。

なお、家族世帯と単身者の消費傾向が異なるのは当然だが、同じ単身世帯でも男女間で大きく違う。そのため男女合計での見方をしてしまうと平均化されて、各々の特徴を見逃す危険がある。さらに、同じ単身世帯でも現役層と高齢者層という年齢によっても大きく消費傾向が異なる。

ただ、それらを個別に見ていくと、とても新書1冊では収まらないため、ソロと家族との総論的差異に絞らせていただきたい。

本章においては、以降、単身世帯は絶対消費額の少ない高齢世帯を除き、男女別に勤労者59歳までの人だけを抽出し、二人以上の勤労家族世帯と比較することとする。

図2-8　単身男女と家族のエンゲル係数推移

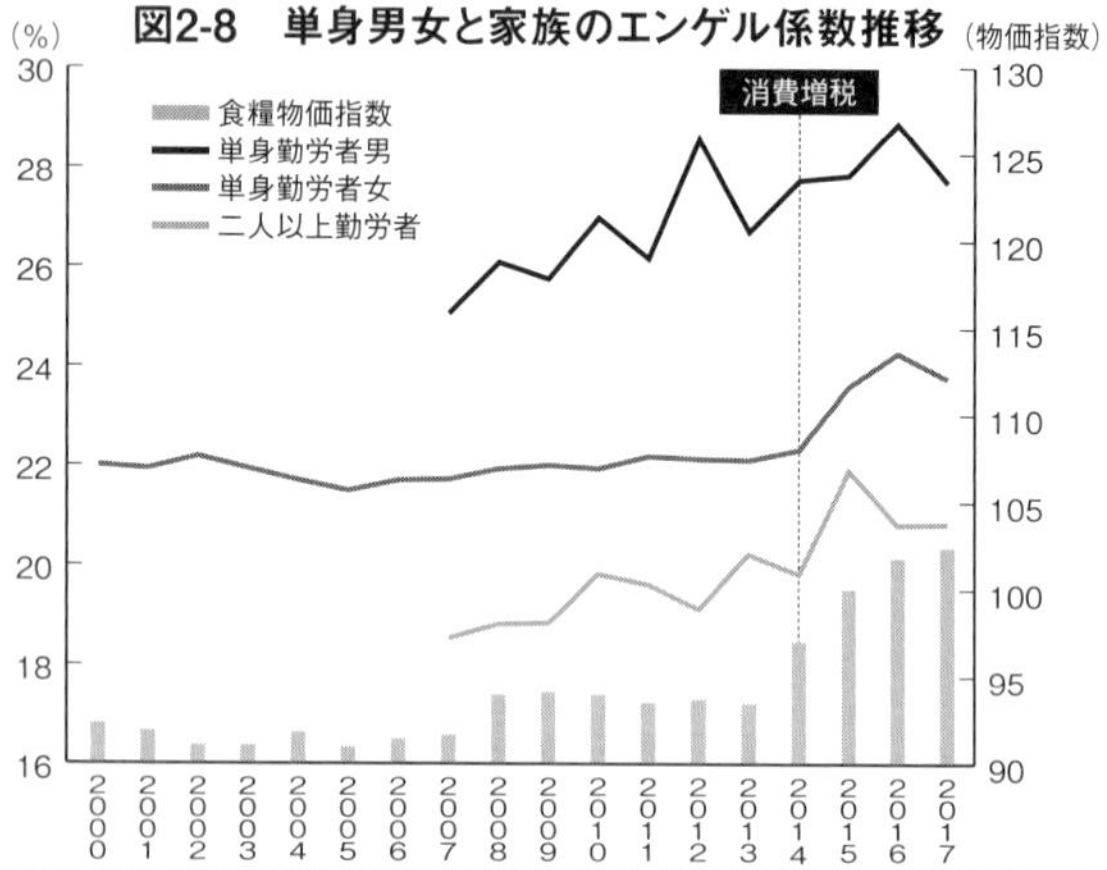

総務省統計局「家計調査」より単身は59歳までの勤労者抽出、食糧物価指数は2015年基準消費者物価指数より2015年を基準100として荒川和久独自に作成。

ソロ客は、1家族分の消費ポテンシャルをもつ

単身世帯の消費支出と家族世帯の消費支出を見た時に、明らかな差があるのが食費である。単身男性のエンゲル係数は高い。２０１４年の消費増税や食料品の物価高騰の影響で全体的にエンゲル係数は上昇しているが、家族の約24％に対して、単身男性は28％と断然多い。

エンゲル係数とは、消費支出に占める食費（外食含む）の割合で、一般的にはこの数字が高いという事は生活水準が低いとされている（エンゲルの法則）。食

費は、生きていくために必要なものであり、その最低限必要な絶対額は人によってそう大差はない。エンゲル係数が高いということは、支出の中でその最低必要額の比率が高いということであり、生活水準が低いとみなされるわけである。

しかし、割合だけではなく、実は消費支出の実額で比較しても、ソロは一家族分を上回る品目がある。ソロ男の食費関連では、弁当などの調理食品、コーヒーを含む飲料、酒類の消費支出実額は一家族分とほぼ同額以上だ。さらに、外食にいたっては一家族分をはるかに凌駕している。平均3・4人の一家族分以上をソロ男たちは一人で消費するのだ。

これは決して不思議なことではない。食費などは、家族世帯で分け合って消費した方が効率的だし、一人分の消費金額は抑えられるからだ。全体的に食費をかけないソロ女であっても、外食費だけは一家族分以上消費している。この事実はあまり知られていないし、メディアもほとんど取り上げたことがない。

では、食費の中の項目で2007年から2017年の10年間をかけて、どれくらい消費実額が増加したのか。それをまとめたのが次頁のグラフである。食品の物価上昇を考

図2-9　ソロの食品支出

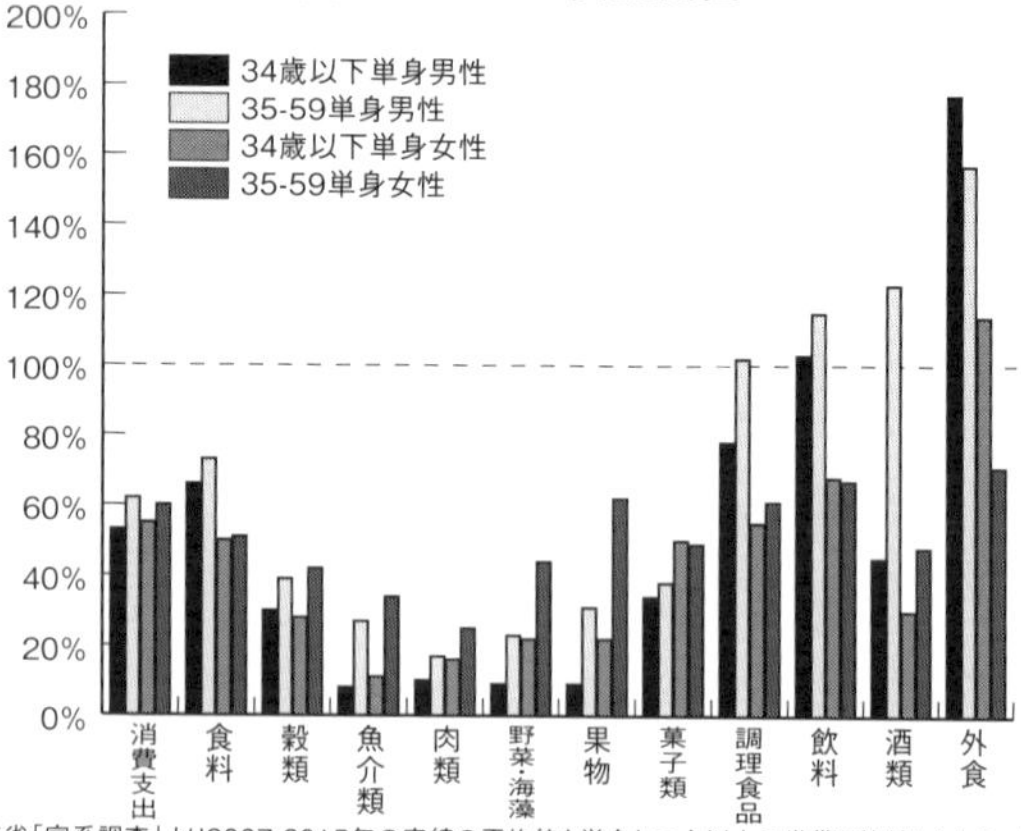

総務省「家系調査」より2007-2015年の実績の平均値を単身と二人以上の世帯で比較したもの。100%のラインが二人以上世帯の実績。荒川和久作成。

図2-10　食費支出額上昇率2007年/2017年比較（物価上昇分考慮）

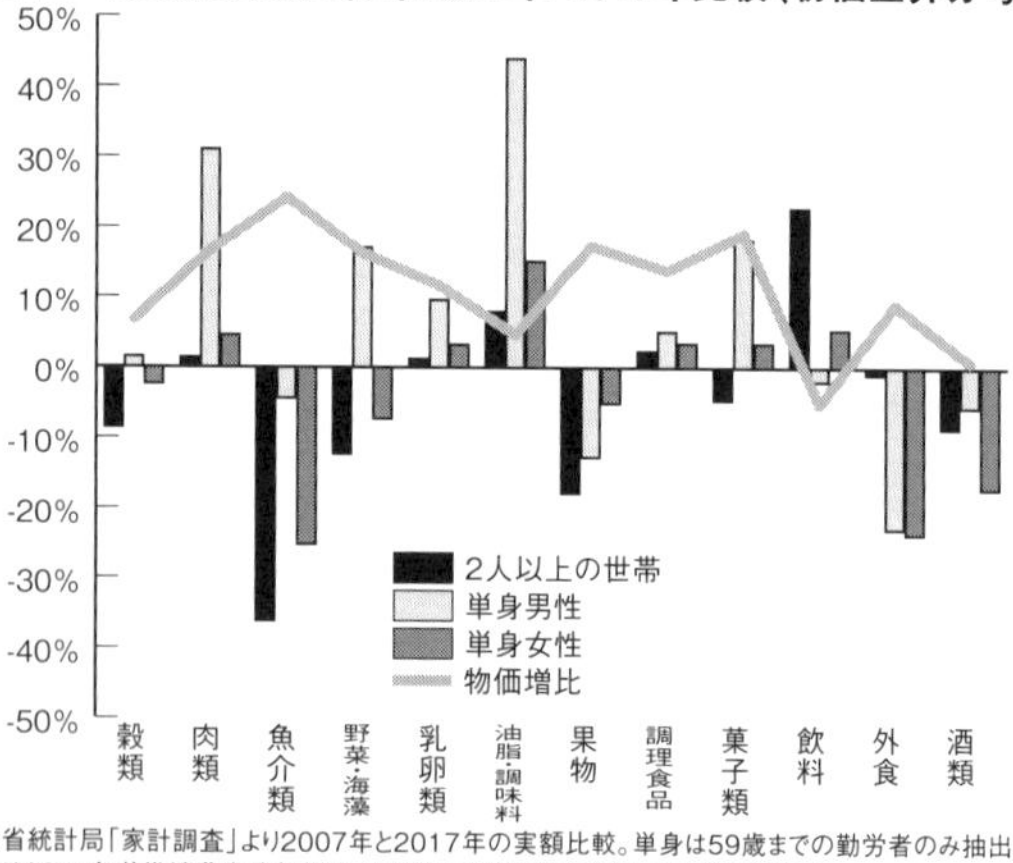

総務省統計局「家計調査」より2007年と2017年の実額比較。単身は59歳までの勤労者のみ抽出、物価増比は2015年基準消費者物価指数より2015年を基準100として荒川和久作成。

慮に入れるため、同時期の各分類の物価指数増加分をゼロとした場合の純粋な食費支出増減比較を見ることとする。

興味深いのは、二人以上の家族世帯の場合、物価上昇に敏感に反応している点である。物価が大きく上昇した魚介類・果物・菓子などはすべて支出減で、節約の意思が見られる。

一方、ソロ男は値上がりしている肉類や野菜ですら、大きく消費額が伸びているし、なぜか、逆に、おにぎりや弁当などの調理食品はそれほど伸びていない。これは、ソロ男たちの内食化や健康志向などと関連している。「独身男はコンビニの弁当やおにぎりばかり食べる」というイメージが強いかもしれないが、ここ最近コンビニ弁当を食べるソロ男は激減している。特に、40代以上のソロ男は健康志向が強い。それもそのはずで、健康管理は自分でしないといけないからだ。健康を気遣ったり、心配してくれるような妻も家族もいないのだから。

彼らは、自身の年齢からくるメタボへの関心が高い。健康診断で引っかかって意識する人も多い。とにかく、米やパンなどの炭水化物を控えめにし、代わりに肉や野菜、豆腐・納豆などの大豆類を食する。お気づきだろうか。現在のコンビニ店頭には、かつて品揃えがあまりなかった豆腐や納豆、カット野菜やレトルトの肉料理が豊富に取り揃えられている。ソロ男たちが毎日リピート購入するからだ。畢竟、コンビニ弁当やおにぎりの棚面積が減り、そうした健康的な食材の棚面積が増えている。

ソロ男特有の「足し算消費」

ちなみに、健康志向と言いながら、それとは逆行する菓子類もソロ男だけが大きく伸びている。この矛盾する行動がソロ男の特性でもある。

ソロ男の菓子好きは筋金入りであり、そこを削減する意識は薄い。菓子類だけではなく、カップ麺や外食のラーメンに対する考えにも共通するが、これはソロ男特有の「足し算消費」という消費特性である。

前述した通り、彼らは、健康を心配してくれる配偶者もなく、健康管理は自らの責任で行わなければいけない。そのため、購入の際には必ず食品の成分表をチェックする。

糖質や炭水化物の量を確認するのだ。ちなみに、参考までに、彼らの目安は1袋当たりの炭水化物量が30g以下である。それ以上の製品は極力避ける。

と言いつつ、彼らは、高糖質・高炭水化物の食品の最たるものである、チョコやポテトチップス、せんべいなどの菓子類やカップ麺などを気にせず買って食べる。全くもって矛盾する行動を取る。その代わり、そういった行動の正当化として「中和させるためにトクホ（特定保健用食品）茶を飲む」のだ。

本来なら、そうした高糖質類のお菓子を「食べない」ことが一番よい。しかし、彼らには、「食べない」という引き算の選択肢はない。食べる代わりにプラスでトクホ茶を買う。食べないことによる我慢や無理をしない。低糖質の食品を選んで物足りない気持ちにもなりたくない。食べたいものはガツンと食べる。だからこそ結果的にエンゲル係数が高くなってしまうのである。

ソロ男が健康に気を使っているという一面的な情報を鵜呑みにしてしまうと、メーカー側は機能的な低糖質食品や、多少味を犠牲にしても身体にいい製品を提供したいと考えてしまうだろう。しかし、それは逆効果なのだ。むしろプラスとマイナスでチャラに

図2-11　週間ソロランチ率

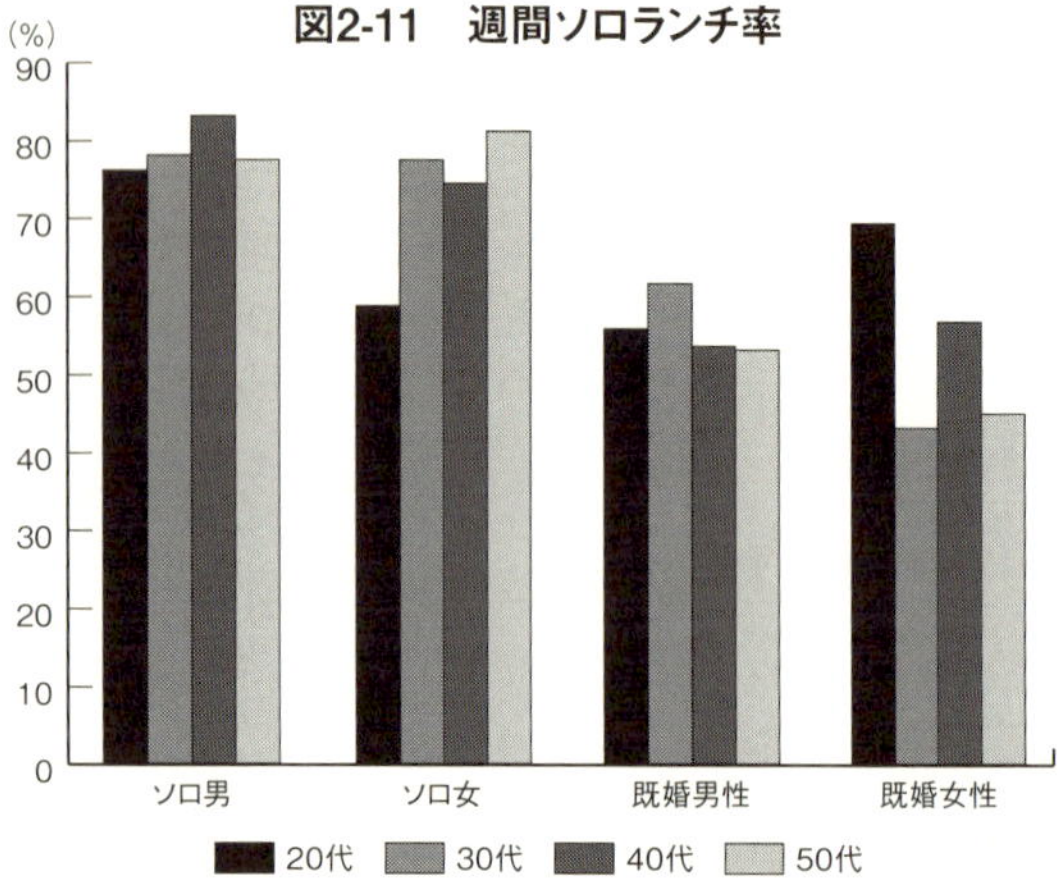

2017ソロもんラボ調査　1都3県20-50代男女　N=700

する商品を提示した方が、彼らの欲求には合致するのである。こうした欲求については、後程第5章で詳しく述べる。

市民権を得つつあるソロ活の日常化

平日の出勤時のランチ、あなたはひとりで食べる派だろうか？　それとも誰かを誘って一緒に食べに行く派だろうか？

２０１７年に実施した調査によれば、20～50代の未婚ソロは、男女ともに週のほぼ８割が「ソロランチ」だった。もちろん、これは対象が首都圏限定であり、全国であれば多少数字は変わるとは思うが、それでも「ランチは職場のみんなで」「ぼっち飯なんてさびしい」と思い込んでいる昭和のおじさん上司にとって、この数字は驚きではないだろうか。むしろ、ソロの部下にとって上司のランチの誘いは、正直ウザいのだ。彼らは一人で食べたいのだから。「孤独はパフォーマンスを低下させる」などというどこかの国の調査結果を元に、職場での集団ランチ化などを図ることは「善意のソロハラ」になってしまう恐れがあるので注意が必要だ。ソロハラとは、独身であることに対するハラスメントであると同時に、「職場で一人で行動したい」タイプに無理やり集団行動を強要することも含まれる。特に、集中して業務に当たりたいソロにとって、自己裁量のある一人の時間は何より大事だ。作業中に電話はおろか、「ちょっといい?」と声を掛けられるのもストレスになる。

だからといってコミュニケーション力が欠如しているというレッテル貼りをするのはやめてほしい。それとは別問題である。3回誘っても断られるなら、「こいつは一人で食べたいのだな」と思って、ぜひそっとしておいてあげてほしいものだ。

ちなみに、この調査における既婚女性はすべて有業者を対象としていることに注意されたい。20代既婚女性のソロランチ率が高いのは、家計節約のためのお弁当だろうか。

一人で食事をすることをことさら異端視し、「孤食は悪だ」という言説を投げかける方もいるが、自分が正しくて相手が間違っているという押し付けは暴力に等しい。ソロ飯派とは、「大勢で食事をしたいのにできない人」だけではないし、「大勢で食事を楽しむことを否定している人」だけでもない。「いつもみんなで食べる」か「いつも一人で食べる」かの二者択一の話でもないだろう。

ソロランチだけではない。今やありとあらゆるものがソロ派によって席巻されていると言っても過言ではない。かつて皮肉を込めて「おひとりさま」などと言われていたが、ソロで食事をすることはもはやマイノリティではない。2014年に私が「ソロ活」という言葉を使い始めた当初は、まだまだ認知が少なかったが、今では大手の女性誌などでも「ソロ活」という言葉が当たり前のように使用されているし、その意味合いもポジティブなものに変化している。

「どこまで『ソロ活』ができるか?」について調査した結果がある。ソロと既婚とで可能領域が大きく違う点にも注目してほしい。たとえば「ソロファミレス/定食屋」はソロ男で83%、ソロ女で73%もいる。これは、一人でも入りやすいようカウンター席を

図2-12 「一人で行ける」ソロ活の実態調査

	ソロ男	ソロ女	既婚男性	既婚女性
遊園地・テーマパーク	22%	22%	4%	6%
動物園	35%	39%	12%	21%
水族館	37%	51%	14%	26%
海水浴	15%	9%	6%	3%
キャンプ	15%	2%	9%	3%
バーベキュー	8%	3%	6%	3%
スキー場	24%	10%	18%	8%
花火大会	28%	23%	11%	8%
祭り・縁日	35%	33%	12%	13%
スタジアム等でのスポーツ観戦	53%	34%	12%	13%
音楽ライブ・音楽フェス	51%	53%	19%	28%
映画館・シネコン	77%	79%	47%	65%
ボーリング場	18%	13%	14%	9%
カラオケ	38%	41%	21%	32%
チェーン居酒屋・バー	49%	32%	22%	27%
ファミレス・定食屋	83%	73%	55%	61%
ファストフード店	85%	87%	70%	82%
カフェ・喫茶店	84%	90%	65%	85%
焼肉屋	53%	33%	24%	18%
回転寿司屋	66%	46%	44%	35%
ラーメン屋	91%	66%	72%	59%
牛丼屋	90%	56%	76%	52%
立ち食いソバ・うどん屋	87%	57%	70%	50%
行列のできる話題の店	56%	32%	29%	23%
国内旅行	74%	73%	34%	44%
海外旅行	51%	53%	16%	28%

2018年ソロもんラボ調査全国20〜50代男女N=632を基に集計。荒川和久作成。

充実させるなど店舗側の工夫も大きい。「ソロラーメン屋」のソロ男91％は驚かないが、ソロ女も7割近くに達している。「ソロ焼肉」もソロ男で53％、ソロ女でも33％もいる。

外食だけではない。レジャーに関してもソロ活が増えている。「ソロ映画」はソロ男女ともに8割近くもいるし、国内の「ソロ旅」も7割超え、音楽フェスも半分以上がソロ参加なのだ。レジャーに関しては、ソロ男よりむしろソロ女の方がソロ活意欲が旺盛だ。ソロ女は、「ソロ水族館」51％、「ソロ動物園」39％、「ソロ祭り」「ソロ花火大会」もそこそこの数字になっている。さすがに、「ソロバーベキュー」だけは、いかにソロ男女たちでもハードルが高いようだ。

「レジャーに一人で行くなんてまったく理解できない」と言う方もいるだろう。しかしソロ男女にしてみたら、「大勢で行く人たちの気がしれない」のである。

第3章　幸福格差時代に生まれた消費

結婚しないと不幸なのか？

「幸せですか？」

そう問われたら、みなさんはどう答えるだろうか？

結婚は幸せの代名詞のように思われているが、では、結婚した人たちは幸せで、未婚や独身の人たちは不幸なんだろうか？

そもそも日本人の幸福度は低いと言われている。国連の幸福度ランキングでも、日本は毎回先進諸国の中で最下位あたりをウロウロしている。最新の２０１８年３月発表の報告書によれば、日本は昨年の51位からさらに３つ順位を落とし、54位だった。１位はフィンランド、２位はノルウェー、ドイツ15位、アメリカ18位、フランス23位と続き、東アジアの中では台湾が26位でトップだ。韓国は57位、中国は86位と日本よりも低い。

この調査における幸福度とは、各々の指標に対し、自分が０から10のどの段階にあるかを答える「主観」調査である。ただ単に、「幸福度」だけを回答させているのではなく、幸福に関わる以下の６つの指標を取り入れているのが特徴だ。

①人口当たり国内総生産（ＧＤＰ）
②健康寿命
③社会的支援（困ったときに頼ることができる親戚や友人がいるか）
④社会への信頼（政府や企業は腐敗していないか）
⑤選択の自由（自分の人生において自由に選択ができるか）
⑥寛容さ（過去１カ月の間に寄付をしたことがあるか）

日本は、ＧＤＰや健康寿命指標は高いものの、社会への信頼や寄付意識が他国と比べてかなり低い。つまり、日本人は金と健康では幸福感を得られているが、社会や他人との関係性においては満足を得られていないということだ。

この調査では、未婚か既婚かという配偶関係別の結果があるかどうかまで報告書を読み込めてはいないが、「２０１０～２０１４年世界価値観調査」にあった配偶関係別（独身には婚歴ありの現在独身も含む）の結果をご紹介する。

独身と既婚の幸福度の差分でみると、日本は、ドイツと並んで群を抜いて「独身の不幸度が高い」国である。

図3-1　国別不幸を感じる度合比較

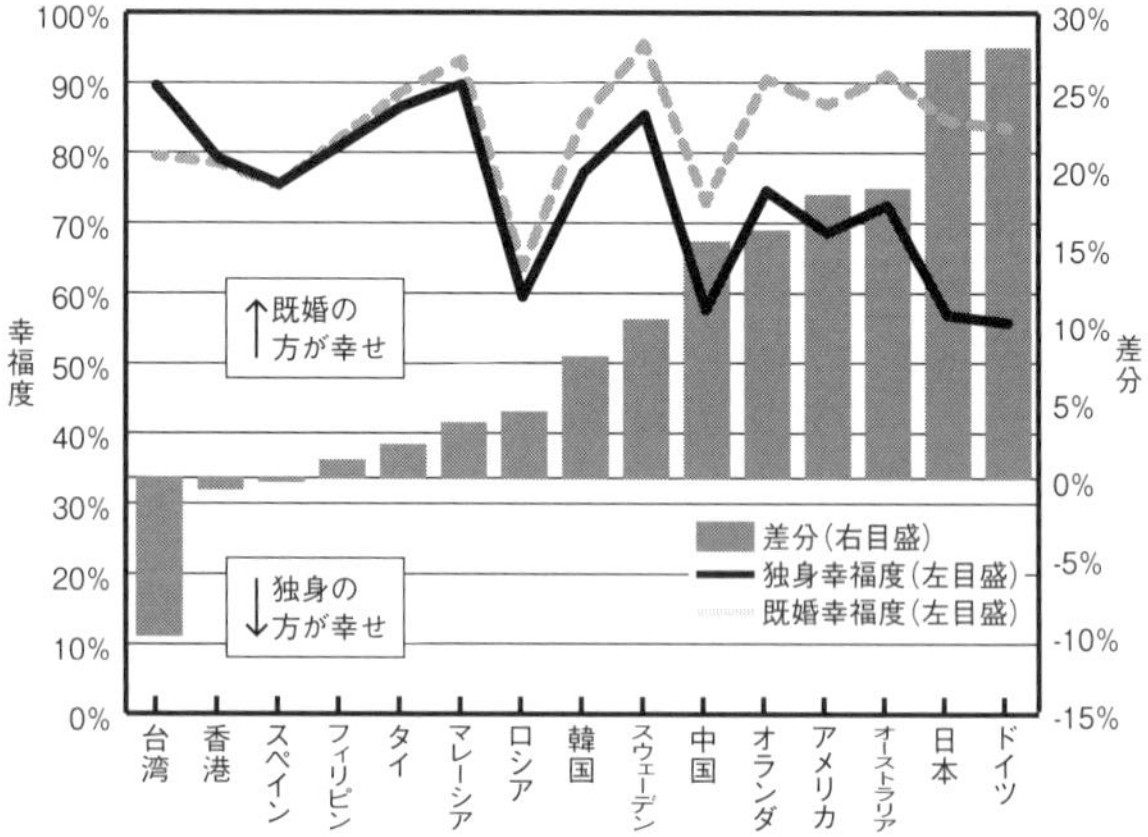

2010-2014世界価値観調査より荒川和久作成。各国独身・既婚の幸福度は「幸せである」と「幸せではない」の差分により算出している。

アメリカ、オーストラリア、オランダ、スウェーデンなどの他の欧米諸国は、日本ほどその差は大きくないが、既婚者より独身者の方が不幸度が高い点は共通である。未既婚で幸福度にそれほど差がないのは、フィリピン、タイ、マレーシアなどの東南アジア諸国だった。しかし、一方で、少ないながら「独身の方が幸福な国」もある。特に台湾は10ポイントも独身の方が上回っている。同じ東アジアでも、日本と台湾がこれほど違うのも興味深いところである。

未既婚で明確な「幸福格差時代」へ

さて、幸せの感じ方は男女でも異なるし、年代によっても違う。より詳細に調査をした結果がある（図3―2）。

未婚と既婚、男女年代別で見ると、既婚者の方が男女ともに幸福度が明らかに高いものになった。既婚者の場合は、年代が上がるごとに若干幸福度は下がる傾向はあるが、ほぼ全年代で約7割前後が幸福であると答えている。これはこれで相当高い数字だと思う。

一方、未婚者を見ると、男女ともに既婚者より幸福度は低い。そして、なぜか40代が最低となる。特に、40代未婚男性は幸福と感じる率がたったの39％しかなく、加えて、不幸と感じる率が29％と最大値を記録している。

こうして見ると、幸福度の感じ方は男女差というより、やはり未婚か既婚かという状態に影響を受けていると感じる。

なぜ、未婚の方が既婚より不幸度が高いのか？　やはり、結婚＝幸せであり、独身＝

図3-2　ソロと既婚　年代別幸福度の違い

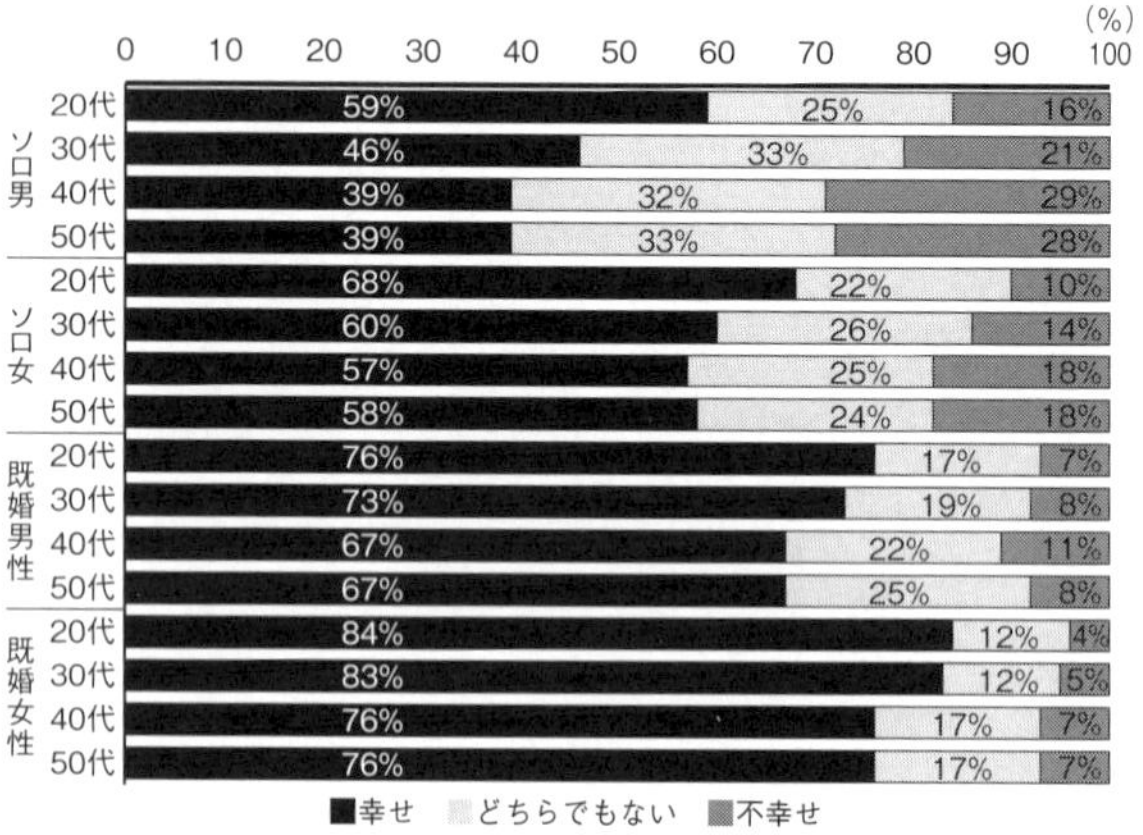

2018ソロもんラボ調査　全国20-50代男女　N20000より

不幸なのだろうか？

「フォーカシング・イリュージョン」という言葉がある。これは、ノーベル経済学賞の受賞者であり、米国の心理学・行動経済学者ダニエル・カーネマンが提唱した言葉である。ある特定の「状態」に自分の幸福の分岐点があると信じ込んでしまう人間の偏向性を指す。たとえば…

「いい学校に入れば幸せになれるはず」
「いい会社に入れば幸せになれるはず」
「結婚すれば幸せになれるはず」

学校、会社、結婚という「目標とする状態になりさえすれば幸せになれるはず」という思い込みは、強い状態依存を発生させる。その状態依存が強まれば、そのうちその状態にない現在の自分を肯定できなくなっていく。それが不幸感を生み出していく元なのだ。

もちろん目標を定めて努力することは大切だが、学歴や就職や結婚という状態が自動的に幸せを運んできてくれるわけではない。にもかかわらず、状態依存してしまうと、その状態にある誰かとの比較をするようにもなり、自分の中の欠落感や劣等感がかえって増長されることになる。要するに、余計なことを考えすぎると不幸感を持ちやすくなるのだ。

未婚者や独身者に比べて、既婚者が特別恵まれた状態にある人たちばかりではないのに幸福度が高いのは、子育てを含めた日常に（いい意味で）没頭して、余計なことを考える暇もないから、とも考えられる。

こうした「幸福格差」は１９８０年代までの皆婚時代には見られなかった。ほぼ全員が結婚していたわけで、未婚か既婚かという状態の違いによって幸福度が違うという指標自体に意味はなかった。

しかし、今後未婚化が進行すると、この格差は深刻なものとなる。同時に、ソロと家族とのこの幸福度の乖離は、そのまま消費行動の違いに影響を及ぼすことになるのだ。単純に家族構成や生活形態が違うだけで消費行動が変わるのではなく、ソロと家族の消費行動が違う大本の要因は、両者のこの幸福感の違いなのである。

「モノ消費からコト消費へ」は20年近く前の話

「モノ消費からコト消費へ」という言葉はよく耳にするだろう。モノ消費とは、それを所有することに価値のある消費で、コト消費とはそれを体験することに価値を求める消費のことだ。勘違いが多いのだが、「モノ消費からコト消費へ」という流れは決して最近の概念ではなく、もう20年近くも前の2000年頃から提唱されていたものである。

ここで簡単に、モノ消費とコト消費について触れておきたい。

かつての高度経済成長期は、大量生産・大量消費の時代だった。「三種の神器」と言われた商品だけではなく、あらゆる商品を統一性・標準性の基軸で大衆みんなが買い求めた。それは、みんなと同じモノを所有することそれ自体に価値があったからだ。これが「モノ消費」の時代である。

その後、モノ消費はみんなと同じモノを持つのではなく、自己表現のために所有するモノを選ぶ時代へと移行する。どんな家に住み、どんなクルマに乗っているのか、どんなブランド品を持っているのか、というのはある意味ひとつの自己表現でもあった。

それが1990年代後半以降、携帯電話やネットの普及に伴い、所有するモノで自己表現する消費から徐々にコミュニケーションのための消費という形へ変化していく。いわゆる「コト消費」と言われる体験価値の時代になる。

体験価値というと、旅行やテーマパークなどの非日常体験をイメージする方も多いが、決してそうではない。消費の目的がモノの所有から、その使用によって得られる体験価値へとシフトしていったという意味である。体験価値でもあり使用価値だ。

同じモノを所有していることで安心感を得られたモノ消費から、同じ体験をしたことが安心感になるコト消費に変わり、消費を通じて人々は互いのコミュニケーションに活用していった。しかし、今後はこの流れが大きく変わっていく。

まず、環境としての社会が変わる。社会学者バウマンが予言した通り、社会の個人化が進行している。未婚化や非婚化という問題だけではない。共同体（コミュニティ）そのものが大きく変わるのだ。かつて地域や職場といったコミュニティは、人々が安心できる居場所だった。人は多少の不自由もあったが、それを上回る安心感を得られた社会がかつてのコミュニティだった。しかし、都市部の地域コミュニティは徐々に消滅しつつある。家族同然だった職場も今ではそんな面影もない。コミュニティの最少単位である家族ですら、昭和の団欒風景は失われている。

未婚率の上昇、単身世帯の増加、結婚しても子を産まない夫婦の増加、隣近所とは交流すらない社会への移行は「個人化する社会」と呼ばれ、バウマンは安定した「ソリッド社会」から流動的な「リキッド社会」に変わると喝破している。そして、事実その通りになっている。

そうした社会の変化にあわせて、消費の個人化も顕著である。そもそも、大前提として、もはや「買いたいモノがない」時代になっているのだ。生活上に必要なモノは大抵揃っているし、かといって贅沢なモノを買う生活的余裕のない人も多い。長年続いてしまったデフレや不景気による心理的な影響もあるだろう。特に、経済的打撃をもっとも受けたのは20～40代にかけてのソロ層である。彼らにとっては、みんなが同じモノを揃え、同じコトをする「標準性・統一性」の意味はなくなっているのである。

顕在化する「エモ消費」

そんな中で、家族の消費行動とはまったく別のソロ特有の消費行動が顕在化しつつある。それが「エモ消費」というものだ。

エモとは、エモーショナルの略で、わかりやすく言えば「感情消費」といったらいいだろうか。感情を消費するのではなく、消費によって感情を得るということだ。

ちなみに、「エモい」という言葉をご存じだろうか。「なんとなく心が動いた時に」使う言葉だ。私の調査によると、「エモい」という言葉を聞いたことがある人は50％以上いるが、実際に使ったことがある人は10％程度だった。メディアアーティストの落合陽一さんによれば、「エモい」とは「ロジカルの対極にあるもの」であり、「もののあはれ」に近い感情のことを指す。ネットでは「エモい」とは「えもいわれぬ」という古語の略だという書き込みもあったが、なかなか的を射ている。

消費の目的が、モノを持つことでも体験することでもなく、自分たちの「精神的な安定や充足」にシフトしていったものがエモ消費なのだ。所有価値でもなければ、体験価値でもない、それらは手段としてのパーツにすぎず、それを通じて得られる「精神価値」に重心が移行していった。これは、群から個の消費の比重が高まるソロ社会化において重要な視点となる。

欠落感の穴埋め的欲求

家族向けの商品、家族向けのサービス、家族向けの仕組みはソロにはまったく価値がない。それどころか、2000年代までは「家族連れ以外お断り」の旅館も多かったし、レストランも一人では入れてもらえなかった。そうした扱いにより、ソロは自分たちの存在の「社会的排除感」を強く植え付けられ、そうした心理が彼らの心の欠落感を増幅させていった。そんな欠落感を抱えたソロたちが、精神的充足を消費に求める動きに移行するのは自然なことなのである。

人間としての根源的な欲求の中には、承認欲求と達成欲求がある。この欲求は、仕事のみならず家族生活でも感じられるものだが、ソロには配偶者も子どももいない。家族が得られる「家族によってもたらされる日常的な幸せ」は物理的に感じようがないのだ。合わせて、根強い社会の結婚規範によって、ソロは「結婚していない状態の自分」に欠落感を感じがちでもある。そうした欠落感を払拭するため無意識に消費行動において、「承認」や「達成」という心の満足を求めてしまう。つまり、彼らが買っているのは、モノでもコトでもなく、それを通じて得られる自分自身の幸せであるのだ。

本書をお読みの既婚者の中でも「わかる」と感じてしまう方もいるかもしれない。それは、たぶん「家族がいても何らかの欠落感」を感じているからではないだろうか。

エモ消費の特徴は、「何を買うか」という消費対象が先にあるのではなく、自己肯定や精神的充足という「欠落感の穴埋め」欲求が動因として存在し、そのツールとしてモノやコトが機能している。消費によって「承認」と「達成」という感情の欲求を満たし、その結果生まれる「刹那の幸せ」や「社会的帰属感」を得るのだ。

帰属感とは、これも人間が根源的に持つ「コミュニティへの帰属意識」と同じだ。「一人でいることを強く希望する」ソロがコミュニティへの帰属意識を持ちたがるというのは不思議に思うかもしれない。しかし、これはどこかの集団に所属するとか仲間になるという意味ではない。コミュニティへの帰属意識とは、すなわち「自分が社会の中で役に立っているという自信」であり、自己の社会的役割の確認である。集団に属することだけが帰属ではない。このコミュニティ論については最終章で詳しく述べる。

ソロを動かすエモーショナル・モーメント

消費行動において、承認と達成を得るとは、具体的にどういうことか、音楽市場を例にして説明してみたい。

かつてＣＤが何百万枚も売れた時代があった。日本レコード協会が毎年発表している白書「日本のレコード産業」を過去から紐解いてみると、ＣＤやレコードなどの音楽ソフトの売上は90年代にかけてずっと右肩上がりに伸長し、１９９８年には最大６０７５

億円の市場規模となった。しかし、そこを頂点として以後衰退を続けている。2017年には、2320億円と最盛期の半分以下に落ち込んだ。唯一、2012年だけは前年額を超えて3000億円超の売上となったが、その年に売れたシングル曲のベスト5はすべてAKB48の楽曲である。

ご存じの通り、AKBグループのCDが売れたのは、特殊な理由である可能性が高い。あれは「音楽」を買ったというより、握手権や投票権を買ったという現象でもある。これを、体験を買うコト消費だと分析する人もいるが、そうではないのではないだろうか。握手や投票などという体験は、所詮手段であって目的ではない。

では、アイドルオタクたちが、なぜ同じCDを何枚も買ったのかというと、それこそ自分の「精神的充足」のためではないか。自分が応援するアイドル「推しメン」を支えているという立場に自分自身を置くことで、「認められた」という承認と「成し遂げた」という達成が得られるとともに、「ああ、俺はここにいて、役に立っているんだ」という社会的役割を感じられるからである。それが彼らにとっては「コミュニティへの帰属意識」による安心を得ることになる。

コミュニティと言っても、「集団への所属」という従来のものとは全く性質が違う。彼らは、仲間意識のようなマンガの「ワンピース型コミュニティ」のような強い仲間意識は求めていない。絆とか、そういうしがらみや縛りはむしろ嫌う。そして、居場所を求めているのでもない。

彼らの望むコミュニティとは、彼らが行動している瞬間だけ発生する刹那のコミュニティである。そこで生まれる刹那の感情を共有して、その瞬間だけ通じ合えればいいという感覚だ。その刹那のつながりが刹那であればあるほど、かえって幸福感は高まる。人見知りなオタクたちが、今まで一度も会ったことがない者同士なのに、「推しメン」が一緒であるという事実だけで、急に親近感を持つのもそれに近いものがある。かといって、それを機に友達になるわけではない。その瞬間だけつながれればよいのだ。

つまり、彼らはコト消費などという体験を買っているわけではなく、ましてや思い出を買っているわけでもない。握手もライブで大騒ぎすることも、それ自体は目的ではなく、それによって得られる「今この瞬間の自己の社会的役割を実感することでの自己肯定感」を買っているのだ。それは、刹那のコミュニティを作っていることであり、瞬間

図3-3　アイドル商法におけるエモ消費構造

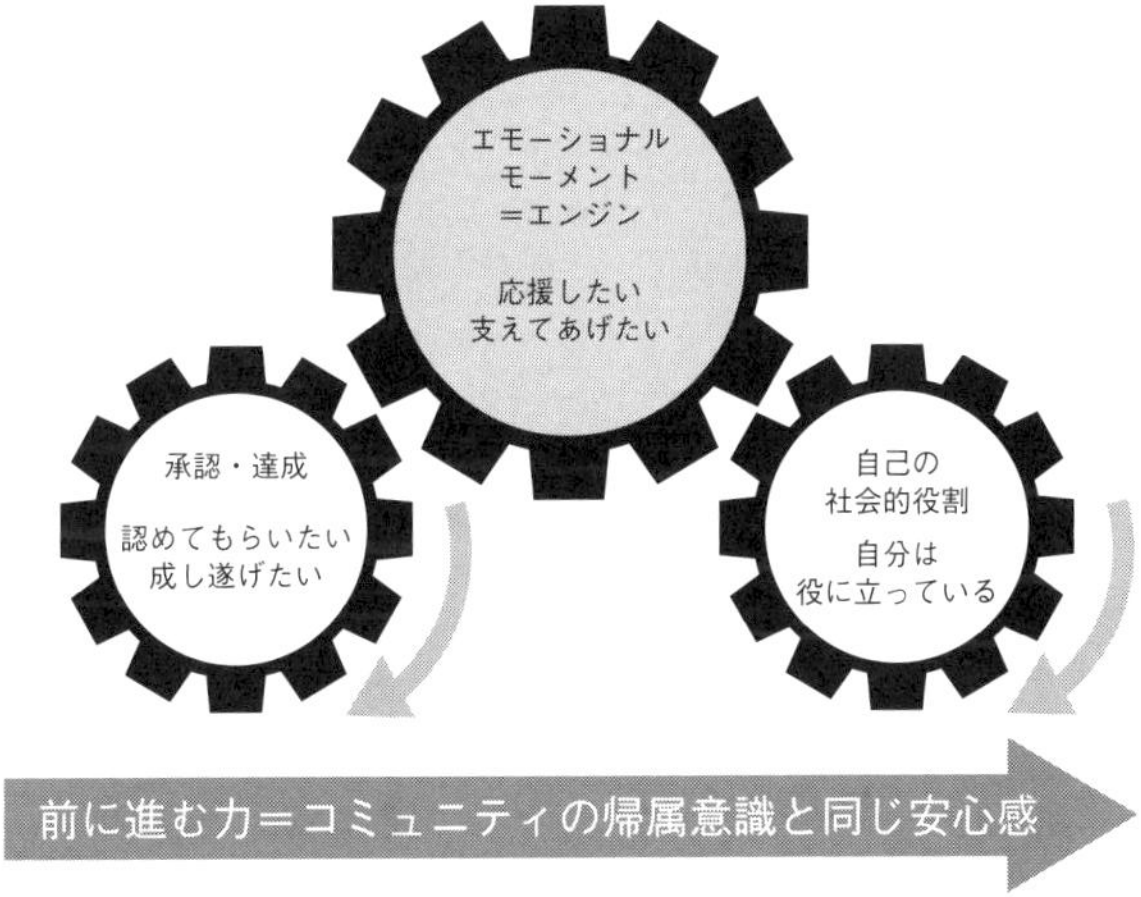

的な帰属意識で幸福感を得ることだ。これこそがエモ消費のひとつの形であり、そうした一連の行動を動かすエンジンとなるものが「エモーショナル・モーメント」という駆動力なのだ。

　モーメントには「瞬間」という意味もあるが、どちらかと言えば、物理学的な「物体を回転させる力」を指す。クルマ好きな方なら「トルク」と言えばわかりやすいだろうか。つまり、「感情を回す力」のことであり、エモ消費の中心的役割を果たす。ソロは、エモーショナル・モーメントの力によって、自分の中の感情をかくはんし、幸せに通じる刹那のコミュニティへ接続することができるのだ。

ＡＫＢ48の例で言えば、「かわいい」という感情だけではなく、同時に「応援したい、支えてあげたい」と思ってしまう感情や瞬間がエモーショナル・モーメントである。その力で自らの承認や達成という欲求を刺激して、「彼女の人気をあげるという自分の社会的役割を確認する行動」が刹那のコミュニティ作り（自己肯定感）となる。アイドルに対するエモ消費は、何もソロ男だけの専売特許ではない。私のラボで「アイドルやタレントに本気で恋をしたことがあるか？」というアンケートを実施したところ、20代ではソロ男（15％）より、ソロ女（18％）の方が多かった。加えて、40代ではソロ女（13％）がソロ男（９％）を大きく上回っている。

CD衰退の影で伸びるコンサート市場

アイドル市場だけがエモ消費ではない。「インスタ映え」のために、旅行やレストランに行くことも同じことだ。写真をＳＮＳにアップして「いいね！」をもらいたいという感情は、単なる承認欲求の満足のためだけではなく、自身の達成感であり、幸せ感の確認でもある。

ＣＤなどの音楽ソフト市場の衰退とは裏腹に、音楽フェスなどのライブ・エンタメ市場は大きく伸長している。デジタルコンテンツ協会の「デジタルコンテンツ白書２０１８」によれば、音楽コンサートの市場規模は２０１７年実績で３４６６億円で、音楽ソフト市場の規模をはるかに凌駕している。これに関しても、表層的にコト消費が増えているのと見るのは間違いである。

１００頁でも触れたように、ソロでライブや音楽フェスに行くソロ男女は5割を超えている。それは幸せの感情を、同じアーティストを応援する人たちと共有することで、「刹那のコミュニティ帰属意識」を確認したいからだ。渋谷のスクランブル交差点でのハロウィンに、ソロでコスプレ参加する人たちにも同じことが言える。

これは、堀江貴文さんの言う「感情のシェアが幸せにつながる」とも通じるものがある。エモ消費とは、感情のシェア・共有によって「その瞬間通じ合えたコミュニティ」を創造することで、自分の社会的役割（心の居場所）を確認する行為なのだ。

消費というと、お金を使ってモノを買うことばかりを考えがちだが、時間もまた消費のひとつだ。たとえば、時間を忘れるほど仕事に没頭する人もいる。そういう人は、仕事によって自分の時間を「エモ消費＝自分の社会的役割を感じている」人と言える。

ソロたちが、お金や時間をかける消費の対象は、もはやモノやコトではない。それは、モノやコトが不要になったわけではなく、モノやコトを完成品として提示して、それを買ってもらう時代が終わったということである。

「ひとりで楽しむ」は勘違い

エモ消費は、買う側の関与があってはじめて完成するようになっているからこそ「エモい」のだ。ＡＫＢ48の総選挙も、コミケもハロウィンも盛り上がるのはそういうことである。だからこそ、作り手・売り手の意識も変わらなければならない。

ソロの内面の構造を無視して、ソロ活を単に「ひとりで楽しむこと」のように表面的なところだけを見て、ファッション的に扱ってはいけない。それにつられて、「ソロをターゲットにしてやろう」などというマーケティングは、嫌われこそすれ、支持はされないと肝に銘じるべきだと思う。

そもそも所有することに価値があったモノ消費とは、自分の外にモノを置けば幸せだった。高いブランド品の服を身に着けたり、高級車を乗り回したりすることは、自分の外にモノを揃えることである。体験することに価値があったコト消費も、自分の外にある刺激を自分が体験することで取り入れる行為と言える。しかし、あくまで外からの刺激が先である点はモノ消費と変わらない。対して、精神的充足に価値があるエモ消費は、上記モノ・コト消費とは異なり、もっと内発的なものである。そういう意味で、モノ・コト消費は外動性であり、エモ消費は内動性と言える。

とはいえ、自分の内にある「欠落感」や「漠然とした不安」を正確に言語化や可視化できている人は少ない。何をすればそれが解決できるかを把握している人などほとんどいない。そもそも、現代は、あまりに自分の周りにモノ・コトという情報が溢れすぎていて、もはやすべての外部情報に触れることは困難であり、膨大な外部刺激から取捨選択する行動すら面倒くさいと思われても仕方がない。ノイズが多すぎて、むしろ「あるモノを見ないようにする」という行動が無意識に行われている。

実際、ソロの多くは、選択をやめて、自らの小さなコミュニティの中だけで通用する経済圏を生きている。それぞれが抱える欠落感を埋めるのは、モノを所有したり、コトを体験したりすることではない。ソロたちは無意識に同じ欠落感の匂いを嗅ぎ取って、精神的報酬を求めて消費による帰属意識を形成しているのではないかと考える。集団行動をするという意味ではない。個々の行動はバラバラでも、得られる精神的充足を共有するということである。そうした行動のほとんどは、自らの意志によって生まれたものではなく、無意識に行われている。そういった面を考えたとき、ＰＯＳデータやアクセス履歴など結果だけでは、結果としての彼らの行動はとらえられても、その奥底にある動因まではわからない。それは、彼ら自身にもわかっていないかもしれないからだ。

ソロたちが意識と行動の狭間で揺れ動き、自己矛盾に陥りながら、いかに消費行動に自己の幸せを感じているかについて、彼らの内面をもっと知るプロファイリングが必要だ。それについては第５章で説明する。

第4章　江戸時代にもあったソロエコノミー

150年足らずで人口が4倍になった日本

ソロ社会化が進み、高齢化や人口減少に陥ると、消費市場は低迷すると危惧する声は多い。人口減少は避けられないものだし、人口ボーナスとしての需要はなくなるのだから、たしかにそのリスクはある。

しかし、第1章でも提示した通り、人口減少は世界的な流れであり、今更出生率が多少改善されたところでこの大きな流れは止まらない。

人口減少自体を何の問題もないと切り捨てるつもりは毛頭ないが、そもそも現在の1億2000万人以上の日本の人口は適正なのだろうか。縄文時代からの日本の人口推移を見てほしいのだが、明治維新後の急激な人口増加の方が、むしろ異常事態であったと見るべきではないだろうか。わずか150年足らずで約3000万の人口が4倍に膨らんでしまったのだ。

歴史上、日本の人口減少・減退期は3度あったという。最初は縄文時代の中後期。次に、平安後期から鎌倉時代にかけて。さらに、江戸中期から後期にかけてである。その

図4-1 日本の長期人口推移と予測

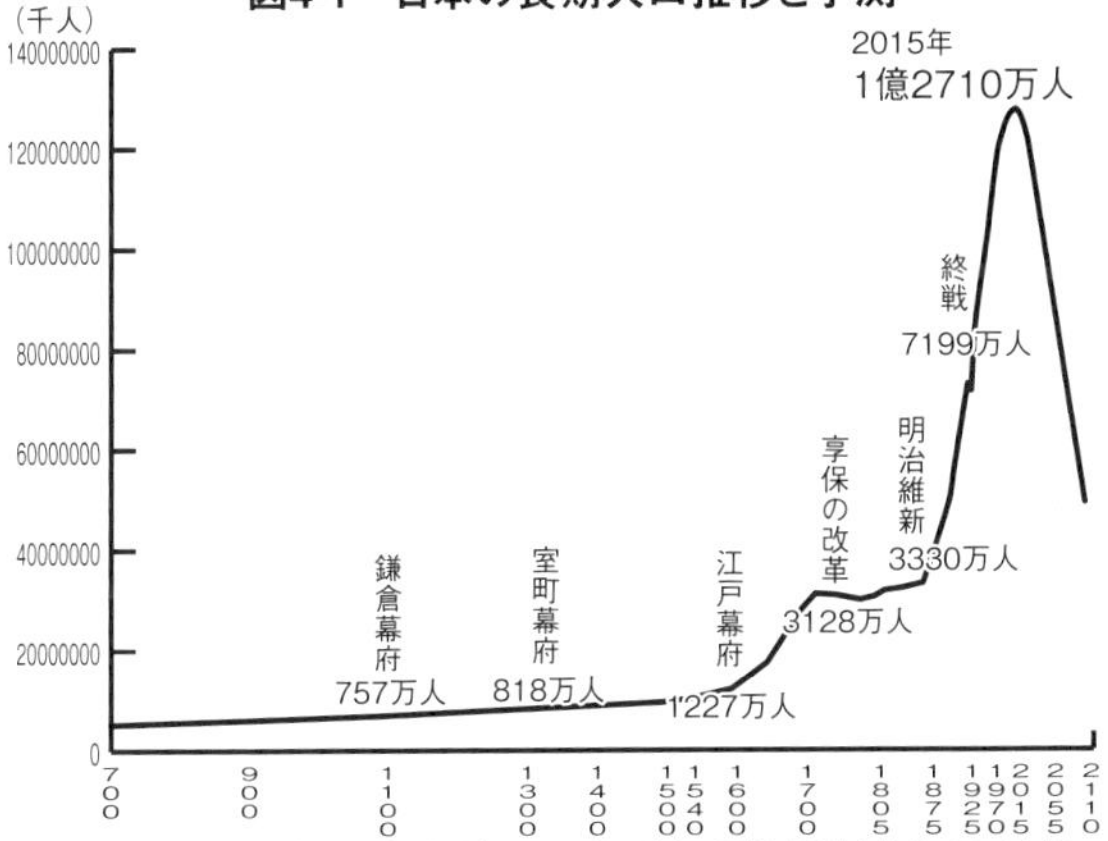

2015年以前は国勢帳及び国土庁「日本列島における人口分布の長期時系列分析」（1974年）より。
2015年以降は社人研の2018年推計より荒川和久作成。

いずれも直前に人口が大きく増加した後に発生している。そう見れば、今後来る4回目の人口減少も、歴史の必然と言えるのかもしれない。

明治以降の日本しか知らないと、未婚化や人口減少を未曾有の出来事だと勘違いしがちなのだが、江戸時代中期以降の日本がまさに今とそっくりな状況だったのだ。

都市部への人口集中、労働市場における女性の進出、晩婚化も未婚化も離婚の増加もそっくりである。何より、当時の目を見張るような市場経済の発達をご存じない方も多い。そこには、今後来るべきソロエコノミー時代のヒントとなる事例がたくさんある。そんな江戸エコノミーについて、本章でいろいろと紹介していきたい。

江戸時代も独身の多いソロ社会だった

現代の日本の未婚率や離婚率の上昇に対して、「本来の日本人とは違う」と誤解されている方が多いようだが、むしろ逆である。もともと日本人は未婚も離婚も多かった。江戸時代から明治初期にかけての離婚率に関して言えば、当時の世界一だったかもしれないのだ。現代の離婚率世界一はロシアの４・５（人口千人当たりの離婚者数。２０１２年）だが、江戸時代はそれを超える４・８だったと言われている（２００６年参議院調査局第三特別調査室「歴史的に見た日本の人口と家族」より）。

未婚についても同様だ。以前、歴史人口学者の鬼頭宏先生と対談した際に「17世紀くらいまでは日本の農村地域でさえ未婚が多かった」と聞いた。結婚して子孫を残すというのはどちらかいえば身分や階層の高い者に限られており、本家ではない傍系の親族や

図4-2　明治以降の普通離婚率長期推移

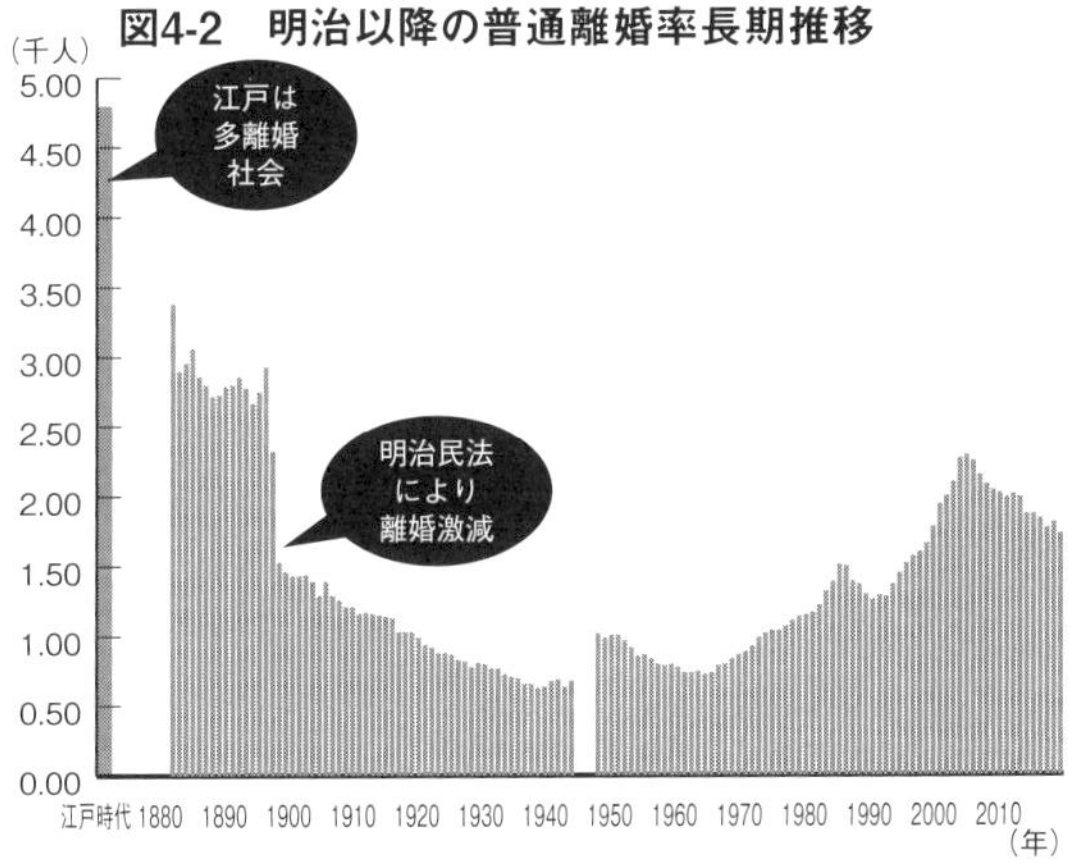

総務省統計局「人工動態総括表」及び江戸時代の離婚率は、参議院調査局第三特別調査室「歴史的に見た日本の人口と家族」（2016）より荒川和久作成。空欄は統計なし。

使用人などの隷属農民たちは生涯未婚で過ごした人が多かった。

たとえば、1675年の信濃国湯舟沢村の記録によれば、男の未婚率は全体で46％であるのに対して、傍系親族は62％、隷属農民は67％が未婚だった。

それが、18世紀頃から傍系親族の分家や小農民自立の現象が活発化したことで、世帯構造そのものが分裂縮小化していった。それが未婚化解消のひとつの要因と言われている。つまり、今まで労働力としてのみ機能していた隷属農民たちが独立し、自分の農地を家族経営によって賄わなければならなくなると、妻や子は貴重な労働力として必須となるからだ。結婚とは、農業という経済生活を営む上で、欠くべからざる運営体の形成のためのものだったのだ。このようにして、農村地域の未婚率はやがて改善されていくわけだが、それでも1771年時点での男の未婚率は30％（前述信濃国湯舟沢村）もあった。

農村よりも未婚化が激しかったのが江戸などの都市部である。幕末における男の有配偶率を見てみると、現代の東京の有配偶率よりも低いことがわかる。

加えて、江戸は相当な男余りの都市だった。1721年の江戸の町人人口（武士を除く）は約50万人だが、男性32万人に対し、女性18万人と圧倒的に男性人口が多かった。女性の2倍、圧倒的に男余りだった。つまり、江戸の男たちは、結婚したくても相手がいなかったということになる。現代の日本も未婚男性が未婚女性に比べ300万人も多い男余り状態である（36頁）。江戸と今の日本はとても似ているのだ。

江戸初期の経済は、参勤交代によって江戸に集中した武士たちによって支えられていた。いわば「ＢｔｏＢ経済」だった。100万人都市の江戸の人口の半分は武士だったと言われる。商人にしてみれば、○○藩御用達になることが商売繁盛の鉄則だった。し

図4-3 江戸末期と現代東京の有配偶率比較

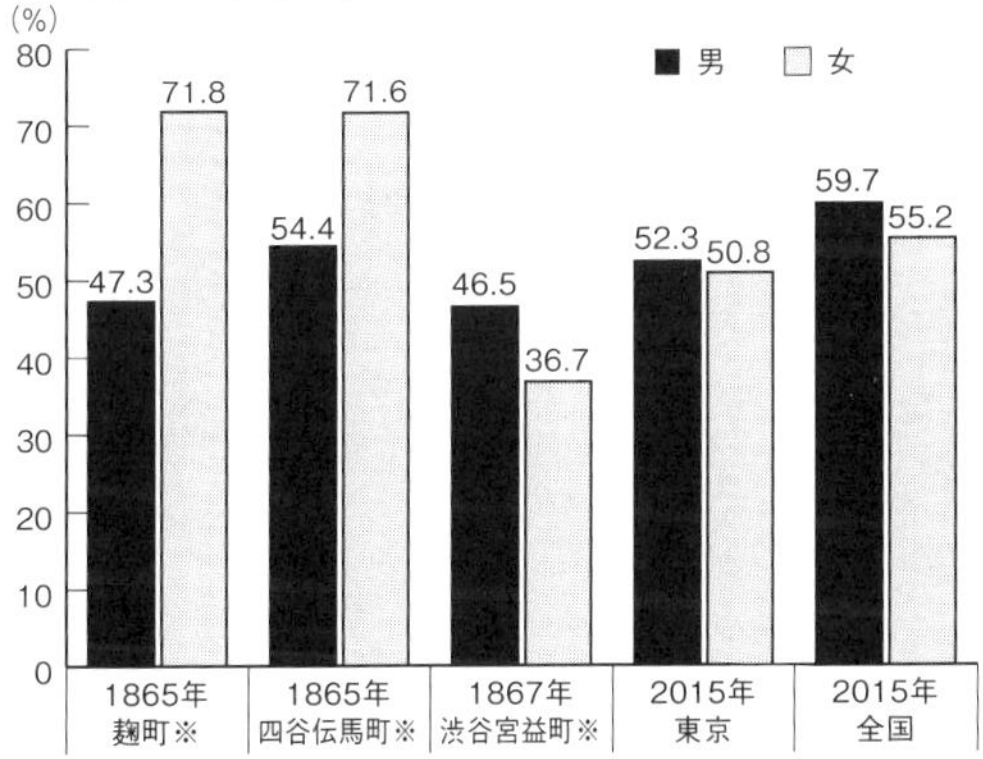

南和男著『幕末江戸社会の研究』(吉川弘文館)及び2015年国勢調査より荒川和久作成。2015年有配偶率は国勢調査より15歳以上にて算出。※男子は16歳から60歳まで、女子は21歳から40歳までの有配偶率。

図4-4 江戸の男女別有配偶率

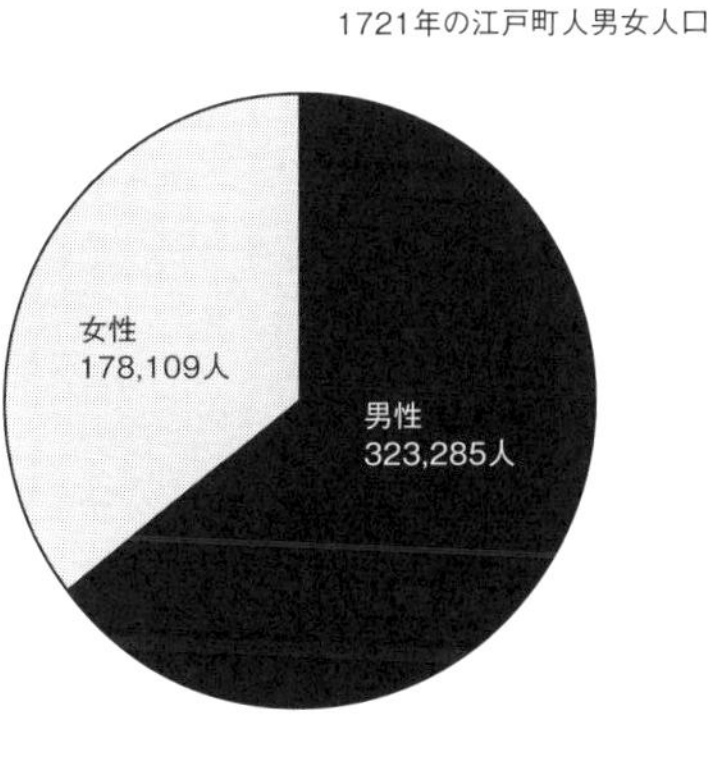

南和男著『幕末江戸社会の研究』(吉川弘文館)より荒川和久作成。

かし、江戸中期以降は、武士が次第に困窮していく。下級武士だけではなく大名家すら貧窮し、経済の中心は当時武士人口を凌駕し始めていた庶民に変わっていく。そして、その消費の中心として活躍したのが、江戸に生きた独身男性、つまり「江戸のソロ男」だったのである。

江戸時代にソロエコノミーの原型が存在したわけだ。

外食産業の隆盛、屋台の誕生

独身男性であふれていた江戸だからこそ、今に続くたくさんの産業や文化が芽生えた。その中でも、最も栄えたのが食産業だった。今も独身男性の消費支出に占める食費の割合（エンゲル係数）は30％近くある。特に外食費比率が高いのだが、それは江戸のソロ男とて同じだった。

もともと江戸時代初期まで、武士も庶民も外食をするという習慣が存在しなかった。食事とは家でするものだったのである。当然、江戸の町にも食材屋はあっても飲食店というものはなかった。飲食店ができたきっかけは、1657年に発生した明暦の大火（振袖火事）と言われる。

明暦の大火で江戸の町は3分の2が焼失、10万人以上の死者を出した。その復旧作業のために、諸国から職人が大集結したが、そのほとんどはソロの男性である。彼らは肉体労働者であり、食欲も旺盛だ。さりとて、自炊する能力もない。そんな彼らの需要と胃袋を満たすために、おふくろの味としての惣菜を売る「煮売り屋」ができた。この「煮売り屋」は大繁盛し、やがて「居酒屋」へと発展していくのである。

明暦の大火後、幕府の都市計画により、火災の延焼を防ぐために町の各所に広小路や火除地と呼ばれる空き地が設置された。こうした広場を江戸の庶民はたまり場として活用し、人が集まった。人が集まれば商売ができる。そこに露天商としての屋台が生まれていったのである。

屋台といっても、大八車に乗った大きな屋台ではなく、当初は、「担い屋台」といって、天秤棒の両端に人の背丈ほどの縦長の木製の荷箱が固定され、簡単な細長い屋根が架け渡してある作りになっている可動式屋台だ。荷箱には水や火鉢（七輪）、食器なども入っている。組み立てることもなく、置くだけで屋台として機能する仕組みである。一人で担いで移動できる点もメリットだった。田楽や蕎麦の屋台などはこのタイプが多かった。その後、より大型で、分解して移動する仕組みの「屋台見世」が誕生し、寿司屋や天婦羅屋が使用した。

こうした屋台商売は瞬く間に流行し、江戸の町には屋台があふれていたと言われる。しかし、火事を怖れた幕府は、1661年には、屋台の蕎麦・うどん売りなど、火を使う移動販売を禁止するお触れを出している。その後も約20年おきに禁止の町触れが出されているが、それこそが、屋台の移動販売が継続していたことを証明している。夜の屋台販売も禁止されているが、「夜鳴き蕎麦」が大流行したように、まったく禁止令は無視されていた。そもそもすぐ移動できる「担い屋台」は、万が一の時逃げるのにも好都合だったのである。江戸の庶民のたくましい商魂と旺盛な食消費意欲が感じられる。

こうした屋台の誕生によって、江戸の三味といわれる寿司・蕎麦・天婦羅が広く流通するようになったのである。

江戸の蕎麦屋の数は今と変わらない

江戸っ子と言えば、「うどんより蕎麦が好き」というイメージがあるが、江戸初期はむしろうどんの方が主流だった。

しかし、1661年以降に、「けんどん屋」という屋台が登場し、そこでうどんとともに蕎麦も売られるようになった。「けんどん」とは、大きな平椀に盛り切りで売ること。皿に盛って出したらおかわりもなし、一切の余計なサービスもなし、さっさと食って帰ってくんな、その代わり値段は安く6文（150円）で提供するというスタイルだ。無愛想なことを意味する「つっけんどん」の由来となっているが、これがせっかちな江戸っ子に受けて繁盛した。

1748年以降の寛延年間には、製麺のつなぎに小麦粉が使われるようになり、蕎麦が作りやすくなった。さらに、同時期に、銚子や野田の濃口醤油が江戸に出回り、蕎麦は麺ののどごしもつゆの味も格段に良くなった。すると、完全にうどんから蕎麦へと形勢逆転した。

幕末の1860年の江戸には、蕎麦屋が3760店以上もあったと言われる。2014年時点の東京23区内の「そば・うどん店」数は3785店（総務省統計局「経済センサス」より）で、ほぼ同等である。そのことからも、江戸の庶民がいかに「蕎麦好き」だったかがわかる。

ちなみに、石川英輔氏の『大江戸生活事情』（講談社文庫）によれば、1668年に1杯16文（400円）だった二八蕎麦の値段は、幕末の1865年頃に20文（500円）に値上げされるまで、200年近く値段が変わらなかったそうだ。銭湯の入浴料も1624年から1843年までの長い間、大人6文のまま据え置きだったという。江戸時代もまた現代と同じデフレ状態だったと言える。

寿司は江戸のファストフード

寿司に関して言えば、今でいう庶民のファストフードとして親しまれていた。もともとは上方から伝来した押し寿司が中心だったが、1780年頃から屋台などでさかんに売られるようになり、立ち食いスタイルが定着した。

　１７８６年に喜多川歌麿が描いた「絵本江戸爵」には、屋台で木箱に並べられた作り置きの押し寿司を購入する客の姿が描かれている。海苔巻もその当時からあり、１７７６年の料理本『新撰献立部類集』には、「海苔を敷いた上に飯を置き、魚を並べて、すだれごと巻く」と現代そのままのレシピが紹介されている。

　握り寿司が誕生するのは、それより後のことで、１８２４年頃、本所横網の華屋與兵衛が元祖と言われている（「松の鮨」の堺屋松五郎であるという説もある）。握り寿司の初出文献は、１８２９年に発刊された『誹風柳多留』の中にある川柳「妖術と いう身で握る 鮓の飯」である。江戸時代の風俗考証書である『守貞謾稿』には、「握り寿司が誕生すると、たちまち江戸っ子にもてはやされて市中にあふれた」と記されており、屋台の寿司屋が大ブームとなったことがうかがえる。１８４１年頃に描かれた歌川広重の「東都名所高輪廿六夜待遊興之図」には、屋台で職人が寿司を握っている様が描かれている。

　価格は、１個四文～八文程度だったというから、今の価格にして１００～２００円程

歌川広重「東都名所高輪廿夜・待遊興之図」（アフロ）

度。現在の握り寿司と大きく違うのはそのサイズだ。今の寿司の4倍くらいの量のシャリを使っており、おにぎり並みの大きさだった。江戸のソロ男たちは、まるでハンバーガーのように、歩きながらそれを頬張ったようだ。

シャリは赤酢を使っているので赤い。具も、煮た貝やエビ、酢でしめたコハダ、湯引きした漬けマグロ、卵焼きなど加工品が主で、生のトロなどはそもそもなかった。しかも、一番高級だったネタは玉子だったという説もある。

天婦羅はスナック菓子

天婦羅については諸説あるが、1770年代に天婦羅屋台が登場し始めたといわれている。芝海老や穴子、白魚、イカ、コハダなどの魚介類に衣をつけ、ゴマ油や菜種油で揚げたものを「天ぷら」といい、今の天婦羅と同じである、但し、野菜を揚げた料理は「精進揚げ」と呼んで区別していた。天つゆをつけて食べるところも一緒だ。今と違うのは、当時の天婦羅は竹串に刺して揚げていたことである。「筮竹《ぜいちく》で 判断させる 天婦羅屋」という川柳もあり、中身のネタを竹串の違いで見分けるシステムだったようだ。

1本の値段は4文（100円）程度でリーズナブルでもあり、当時のソロ男たち肉体労働者にとっては、小腹がすいた時のスナック菓子のように食されていた。

江戸時代の天婦羅と言えば、家康の死亡の原因が鯛の天婦羅であったという説が有名だが、あれは素揚げであり、江戸庶民に愛された天婦羅とは別物と言える。江戸の天婦羅屋は、庶民のものとして、幕末になるまで辻売りの立食いばかりだった。座敷の高級料亭において、豪商や上流武士が食するようになったのは、1804年以降の江戸末期になってからのことである。

居酒屋はイートイン業態

時代劇でも頻繁に登場する居酒屋。庶民たちがテーブルとイスに腰掛け、酒と肴を愉しむという描かれ方をしている。現代の居酒屋と同じように見えるが、江戸時代の居酒屋にはテーブルもイスもなかった。細長い縁台や床几があるだけだった。

そもそも居酒屋の原形は酒を小売りする酒屋である。酒屋で酒を買ったせっかちな江戸っ子たちが、そのまま店先で飲み始めたことから、つまみのサービスが始まり、そこから「酒屋に居たまま飲む」という意味の居酒屋業態が栄えることになった。今でいえば、コンビニで缶ビールと惣菜を買って、そのままイートインで食するようなものかもしれない。江戸時代から、ソロ男たちはそういったソロ飯スタイルをとっていたのである。

こうした「居酒」スタイルを公式サービスとして打ち出した居酒屋の第1号店は、1

748年代頃、神田・鎌倉河岸の豊島屋という酒屋と言われている。当初の肴は田楽のみだったらしいが、それでも評判を呼び、大繁盛したとか。その後、1760年代に入ると、居酒屋と飯屋が合体した「縄暖簾」という形態も登場する。酒と肴だけではなく、煮魚や芋の煮ころがしなど、立派な食事も提供した。

食文化史研究家・飯野亮一氏によれば、1811年の江戸には1808軒もの居酒屋があったそうだ。総務省「平成26年経済センサス基礎調査」によると、東京23区の酒場・ビアホールの数は約1万1000軒なので、人口が10倍に増えていることを考えると、いかに江戸の町に居酒屋が多かったかがわかるし、それだけ需要があったということだろう。

ちなみに、当時の居酒屋の店員はほとんど男性で、客もまたほぼ男性。グループ客だけではなく、ひとりで酒を飲むソロ酒客も多かったという。料金は、安い酒ならば1合8文（200円）程度から飲めたので、肴を1～2品つけて、2合飲んでも1000円くらいに収まっていた。今でも下町界隈では1000円でベロベロに酔っぱらえるまで飲める立ち飲み屋を「センベロ」と言うが、当時の居酒屋もそうした庶民の味方だった。

ちょっと奮発して高い清酒二合に肴を何品かつけても100文（約2500円）ほどで済んだという。

棒手振りというフードデリバリーサービス

当時長屋に住む独身男たちは、ほとんど自炊はしなかった。料理の能力がなかったというより、そもそも鍋や調味料などの料理に必要な道具を持っていないことも多かった。究極の断捨離生活だったとも言えるが、それも火事の多かった江戸ならではのリスク回避術である。

モノを所有したとしても、火事で焼けたら終わり。だからこそ、江戸のソロ男たちは外食頻度が高かったとも言える。

もうひとつ自炊に積極的になれなかった理由は、薪代の高さだ。栗原柳庵の『文政年間漫録』などから推計すると、一般的な大工職人（夫婦と子世帯）の収入は、今の価格で大体18万円程度。長屋の家賃は1万3000円程度で非常に安いが、現在の光熱費に充当する薪代及び味噌・塩などの調味料代の合計が、なんと7万3000円。収入の44%を占めた。特に、燃料としての薪は高価で、家族は仕方ないにしても、独身の場合、薪を買うくらいなら外食をした方が得だったのだ。

同じ文献から、野菜売りの一人住まいの独身男性商人の収支を見てみると、1日当たりの収入は3万円と高いが、その中から仕入原価を差し引くと、実質1万2000円程度。月20日稼働すると月24万円の実収入になるが、雨が降れば仕事にならないし、いつもすべて完売するわけではないから仕入のロスもある。そう考えると、あらかじめ薪を購入しておく余裕はなかったと言える。

だからといって、彼らが外食だけだったわけではない。家で米だけは炊くことも多かったようで、おかずは煮売り屋から惣菜を買ってきたり、「棒手振り《ぼてふ》り」という行商から買ったりしていた。

棒手振りとは、天秤棒に荷をかついで売り歩く行商人である。野菜や魚、アサリ・シジミなどの貝類、豆腐や納豆、味噌・醤油・塩などの調味料、海苔、浅漬け・奈良漬けなどの漬物、ゆで卵、焼きトウモロコシなどバラエティ豊かな棒手振りが町中を闊歩していた。江戸だけに見られたものとしては、茶飯売りというものがあり、醤油飯や餡かけ豆腐、けんちん汁などのご飯そのものを売る棒手振りも存在した。おでんの棒手振りもあった。他にも、団子、大福、飴、羊羹、カリントウ、お汁粉などデザート売りもいた。

食だけではなく、薬、桶、ほうき、苗木、花、金魚、鈴虫などなんでもあった。１６５９年の幕府の調査で、棒手振りは江戸北部だけで５９００人、50業種もあったらしい。まさに、今でいうフードデリバリーサービスとも言えるわけである。

杉浦日向子氏の『一日江戸人』（新潮文庫）には、幕末に日本に来た外国人が、「一歩も戸外に出ることなく、いっさいの買い物の用を足すことができる」と驚いたという記述があるが、まさにその通りで、江戸の町は大きなコンビニ・タウンだったのである。

江戸時代にもあった100均ショップ「四文屋」

江戸後半に流行したのが、なんでも４文（１００円）で買える店「四文屋」である。

といっても、雑貨ではなくあくまで惣菜屋である。刻みするめ・焼き豆腐・こんにゃく・レンコン・ごぼうなどを醤油で煮しめたものを丼にして、店頭に並べて販売していた。１８１０年刊行の随筆『飛鳥川』には、両国は一面四文屋だらけ、柳原から芝まで続いていると書かれてあるくらい大流行した商売形態だった。

なぜそんなに流行ったかというと、１７６８年に４文銭が発行されたためである。４文単位で商売をすれば、客もワンコインで決済できるし、お釣りもいらない。そんな合理的なところが江戸っ子に受けたのだろう。

４文銭のおかげで、その後の商品の値段は４の倍数で統一されることになる。それまで１串５個・１個当たり１文価格で統一されていた串団子でさえ、四文銭で買えるよう、１串四個に変更になったほどである。

江戸時代もシェアリングエコノミー

江戸の独身男性たちは、火事のリスク回避として、ほとんどモノを所有しなかったことはすでに述べた通りだが、生活に必要な物は一体どうしていたのだろうか。それは、ほとんどがレンタルで賄っていたという。そのためのサービスが、「損料屋」という商売だった。

損料屋というのは、レンタル使用するとそれだけモノが痛むため、使用の代償を損料として受け取る商売である。衣料品、布団、蚊帳、食器、冠婚葬祭具、雨具、道具、家具、畳、大八車などのほか、下着のふんどしまで用意されていた。これこそ現代でいうシェアリングエコノミーで、すでに江戸時代からあったものだ。

「下着までシェア?」と思うかもしれないが、当時の町人は日常はふんどしを使用しなかった。祭りの時や吉原に遊びに行く時くらいしか使用しなかったのでレンタルで十分だったのだ。

また、当時はふんどしは高価で、六尺ふんどしを購入しようとすると250文（6250円）もした。その上、仮に購入したところで下着である以上洗濯しないといけない。長屋の水場は共同である。江戸の長屋のソロ男が、井戸端会議している女房たちの横で洗濯板でふんどしを洗うのは格好悪いと考えたのであろう。損料屋で借りれば、汚れたまま返却してよかったので、そういう利便性も含めて男たちはふんどしをレンタル利用していたのだ。

ちなみに、ふんどしレンタル料は大体60文（1500円）だった。なかなかの値段である。現代なら、3枚セットのパンツが買えてお釣りがくる。

吉原などに行く時は、ふんどしだけではなく上質な羽織をレンタルする例もあった。江戸のソロ男の見栄である。しかし、損料屋で借りた羽織の裏面は、わかりやすいように糸が十字に縫い付けてあった。これは、損料屋で借りたものをそのまま質屋で売られないようにするための知恵である。ソロ男の安い見栄は、吉原の仲居には簡単に見破られたようだ。

シェアリングエコノミーと同様、最近では、モノを捨てずに修理しながら長く使うというリペアエコノミーも推進されているようだが、これも江戸時代は当たり前だった。

茶碗・壺などの修理屋は「瀬戸物焼き継ぎ屋」、鍋・釜の修理屋は「鋳掛屋《いかけや》」などの他、雪駄や草履を直す職人、下駄専門の修理職人、刃物を研いでくれる研ぎ屋、そろばんだけを修理するそろばん直し、提灯の張り替え職人は、あわせて達筆な腕で屋号なども書いてくれたそうだ。こちらも棒手振り同様、非常に細かく分業されているところがおもしろい。

究極の循環経済　リサイクルエコノミー

江戸は究極のリサイクルエコノミーでもあった。もちろん古着屋など今もあるリサイクル商売もあったが、江戸はありとあらゆるものがリサイクルされた。

「肥取り」という人の糞尿を集める商売があったが、これは糞尿を集めることでお金をいただくのではなく逆である。お金を払って糞尿を買っていた。なぜなら当時、糞尿は農村の貴重な肥料として高く売れたからである。しかも、江戸の町人は白米や外食で農村より豊かな食生活を送っていたため高く売れた。長屋の大家にとって、店子の糞尿は大事な副収入にもなっていた。

同様に、「灰買い」という商売もあった。モノを燃やしたあとにできる白い灰。あれを買うのである。何の役に立つのかと不思議かもしれないが、灰はアルカリ性であり、酸性の土壌を中和する肥料にもなるし、アルカリ性の灰の水溶液は石鹸のかわりにもなる。清酒の酸味の中和剤にもなるし、繊維の脱色にも使用された。灰の売り買いだけで巨万の富を築いた豪商もいると言われる。

おもしろいところでは、「蝋燭の流れ買い」という商売もあった。文字通り溶けた蝋燭を買い取るものだが、これがバカにできない。蝋燭は高級品で、江戸末期で1本500円もしたからだ。

他にも、紙くず買い、古傘（古骨）買い、古釘買い、抜けた髪の毛を買うすき髪買い、木端拾いなどもあり、これだけなんでも拾い集めるわけだから、当然江戸の町にはゴミひとつ落ちていなかった。これを見てもわかるように、江戸は循環性のある「つながる社会」であった。

それは、人々の価値観も、物事や人はすべてつながっており、自分の行いは巡り巡って自分に戻ってくるという概念に基づいていたからとも言える。

アイドル商法の元祖「笠森お仙」

ＡＫＢグループなどをはじめとするアイドル市場は、今や２０００億円を超える市場に拡大しているが、江戸時代にもアイドルは存在していた。

明和年間の１７６０年代、谷中の笠森稲荷門前の水茶屋「鍵屋」で働いていた看板娘・笠森お仙が、アイドルの元祖である。茶屋の娘、要はカフェのウエイトレスだが、美人だと評判になり、ひと目見ようと江戸のソロ男が茶屋に詰めかけるようになった。まさに「会いに行けるアイドル」。戯作者大田南畝も、自著の『半日閑話』において、「谷中笠森稲荷地内水茶屋女お仙美なりとて皆人見に行き」と記しているほどである。その後、美人画で有名な鈴木春信が彼女を描いたことで江戸中に拡散され、大人気となった。

彼女からお茶を入れてもらい、ちょっと言葉をかわして、今の価格で２０００円前後というから、決して安くはない。あまりの人気に、鍵屋も手ぬぐいや絵草紙、すごろくといった所謂「お仙グッズ」を販売するようになったのだが、これがまた売れに売れた。

鈴木春信「笠森お仏」（メトロポリタン美術館蔵）

まさに現代のアイドルの物販商法と同じである。

ちなみに、鈴木春信の描く美人画というのは、抱きしめれば折れてしまうような手足と幼さの残る顔立ちを特徴としていて、後世の鳥居清長が描いた「8頭身パリコレモデル体型」や、喜多川歌麿の描いた「グラマラス美女」とは異なる。

当時、お仙と並んで好評だったのが、浅草寺奥山の楊枝屋「柳屋」の看板娘お藤《ふじ》で、人気を二分したと言われた。この二人に、二十軒茶屋の水茶屋「蔦屋」の看板娘およしを加えて明和三美人と言われていた。

ところが、お仙は、人気絶頂期に突然姿を消してしまう。そのため、ストーカーによる誘拐拉致説も流れ、ファンの連中は騒然となった。「嫉妬に狂った茶屋のオッサンから逃亡したのだが、そのオッサンに見つかり、喉を噛みちぎられて死んだ」という凄まじい俗説までささやかれたそうだ。こういう噂が立つということは、当時から、アイドルのストーカーがいたという証拠だろう。

だが、お仙失踪の真実は、結婚である。幕府旗本御庭番で笠森稲荷の祭主でもある倉地政之助の許に嫁いだとのこと。今でいえば、将来有望なエリート官僚と結婚して引退したというところだろうか。事実、政之助は幕府の金庫を管理する払方御金奉行にまで出世している。アイドルオタクたちの純粋な恋が悲しい結末を迎えるのは江戸時代も今も変わらないようだ。

明和の三美人から遅れること約30年、１７９０年代の寛政年間には、浅草難波屋のおきた（16歳）と両国高島屋のおひさ（17歳）というニューアイドルが誕生し、今度は喜多川歌麿が美人画を描いて話題となった。

当時はアイドルの人気ランキング表も発表されていたという。まさにＡＫＢ48総選挙。

こうしたアイドル旋風は江戸時代からあったわけである。今から200年以上も前のことだが、何も変わってない。

ランキング好きは江戸時代から（グルメ番付）

情報に価値がある時代になり、現代人はどこに行くにもスマホで情報収集をしている。しかし、江戸時代もスマホこそなかったが相当の情報社会だった。

「外食をどこでしようか？」という時には、「ぐるなび」や「食べログ」などのサイトをチェックして、口コミや評価を参考にする人も多いと思うが、江戸にもそうしたグルメ番付が存在していた。相撲の番付にちなんで「見立番付」と呼ばれ、1859年の料理茶屋見立番付「即席会席 御料理」には、183店もの飲食店が掲載されている。「平清」「八百善」「嶋村」という3店舗だけ、番付表の真ん中下に大きく書かれ、いわば三ツ星レストラン扱い。この中の「八百善」は、今も浅草で営業を続けている老舗である。当時から、「八百善」は江戸随一の名店で、高級サロンでもあった。

庶民にとっては高嶺の花だが、外食文化が大いに栄えた江戸だからこそ、こんな番付も楽しまれたのだろう。

食べることが大好きな江戸っ子だけにグルメ系の番付は数多くあった。「東都御菓子調進司」という菓子屋の見立番付でも200店舗以上が紹介されており、今も続く上野凮月堂も西の小結にランクインしている。他にも、鰻屋だけの番付などもあった。ランキング好きなのは、今も昔も変わらない。

見立番付は食だけではない。一風変わったところでは、「うそくらべ見立評判記」というのがある。よくある嘘のランキングだ。東の大関は「女なんて嫌いだという若者」、西の大関は「早く死にたいという年寄り」。今でも通用する「あるある」ネタである。

瓦版は江戸版ツイッター？

時代劇でお馴染みの瓦版は、街頭で紙の束を抱えた売り子が「さあ、さあ」と大道芸人のように販売しているという印象をお持ちかもしれないが、あれは虚構である。そもそも瓦版の売り子はほとんどが顔を深い編み笠で隠し、しかも常に二人組だった。瓦版の売り子のことを、当時は「読売」とか「辻売」と呼んでいた。「読売」が登場するのは割と早く、1682年あたりからいたと言われる。

なぜ顔を隠していたのか、というと、1684年には瓦版を禁止する「読売禁止令」が出されていたからだ。要するに、瓦版は違法行為だったのである。だからこそ顔を隠し、一方が売っている間、もう一方は見張りをしていたわけだ。とはいえ、禁止といっても統制に近く、政治的なことや奇怪なこと、人々を惑わす嘘を書いてはいけないという程度だった。

また、瓦版を出す場合には事前に仲間に入り、届け出をせよという内容だったが、実際は延々と無届のまま継続していたようだ。徳川吉宗の時代には、あまりに瓦版がフェイクニュースばかり出すので、さらに禁止令も出されている。

それでも瓦版が完全に撤廃されなかった理由は、災害時の活躍があったからである。1855年に起きた江戸直下型地震の安政大地震は、震度6以上で、1万人前後の死者を出した。この地震の被害状況を伝える瓦版は、600種以上発行されている。中には、

「結婚や仕事で地方から江戸に出てきている人々は、一刻も早く故郷の両親に『私は無事でした』と知らせて、安心させてあげなさい」という人情味あふれる瓦版もあったとか。

江戸は火事の多い町で、そうした時には焼け出された人たち向けの「お救い小屋」、つまり避難所を幕府は建てるのだが、そうした情報を瞬時に瓦版にして、「どこそこにいけば避難所があるぞ」「どこそこで炊き出しをしてるぞ」と教えてくれたのも瓦版だった。東日本大震災の時に、テレビなどのメディアでは情報が伝えきれなかった際に、各所にいた人々がツイッターで情報のやりとりをしていたことにも似ている。災害時に、富裕層が寄付した情報についても、誰がどの程度の金額を寄付したかについての瓦版が発行されている。困った時はお互い様。そういった心意気を可視化していたのも瓦版だったというわけだ。

災害時の瓦版もほとんどが無届のいわば違法ではあったが、その性質上迅速性が求められるし、社会的有用性もあったため、幕府は黙認状態だった。

江戸と大坂を8時間で結ぶ情報網

江戸の情報網は驚くべき発達をしていた。現代の郵便に当たる飛脚は、最速で頼めば江戸―大坂間を4〜6日程度で届けたとも言われる。

さらに、一刻を争う米相場の情報は、山と山とを旗振り通信という手段を使って結んでいた。

その伝達速度は凄まじく、大坂―和歌山はたったの3分、京都まで4分、岡山まで15分、広島でさえ40分で到達した。今の新幹線でさえ、新大阪から広島まで85分かかることを考えると驚くべき伝達速度だ。ちなみに、大坂―江戸間は8時間かかった。広島に比べて時間がかかったのは、箱根の山があるため、手旗信号が使えず、そこだけ飛脚に頼ったためだという。

こうした情報ネットワークの整備がなされた理由は、1730年に徳川政権公認の米取引所として、大坂堂島米会所という米の取引所が創設され、世界ではじめての米の先物取引が行われていたからだ。商人にとってはいち早く情報を仕入れることが生命線であり、そうした情報は株仲間を通じてシェアされていた。これにより、江戸時代は全国各地の価格の連動制（一物一価）が、維持されることになった。

陸路だけではない。海路も速かった。酒専門船「樽廻船」が登場し、その圧倒的輸送力とスピード力によって、馬での運搬では1カ月もかかっていた大坂―江戸間が半分の2週間ほどにまで短縮された。これにより、江戸時代後期には年間90万樽もの大量の酒が江戸へ輸送され、江戸の飲酒経済を支えたのである。

災害情報も流通した。特に噴火など広範囲で、農地への影響が甚大なものはその後の商売に関わる。江戸の災害が大坂へ、大坂の災害もすぐ江戸へ飛脚によって情報が運ばれていた。

祭りはフェス――コスプレも大流行

江戸っ子にとって祭りは欠かせないエンタテインメントだったが、江戸三大祭りのうちの山王祭と神田祭は、ふたつひっくるめて天下祭と呼ばれた。江戸城への入城も許され、将軍も見る幕府公認の大きな祭りだ。

特筆すべきは、この天下祭りに登場した象の練物である。練物とは、仮装や作り物で練り歩く行列のこと。つまり、仮装パレードである。

１８３８年の斎藤月岑著『東都歳事記』に、麹町の出し物で巨大な象と朝鮮通信使の仮装をしたパレードの模様が絵入りで紹介されている。象の足元を見ると、下から人の足が覗いているのがわかる。この頃から、日本人のコスプレは気合が入っている。

月見も大イベントだった。歌川広重が描いた「東都名所高輪廿六夜待遊興之図」という浮世絵にもコスプレしている様子が描かれている。

廿六夜待とは、旧暦7月26日（現代だと8月中旬から9月中旬の間）の夜に、念仏を唱えながら昇ってくる月を待つというイベントだが、そういった信仰的な意味合いより、月が昇る明け方まで飲んで騒ぐオールナイトカーニバルとして栄えた。当日は、先に紹介した寿司や天婦羅などの屋台が並び、タコのコスプレで参加した男たちが楽しむ様子も描かれている。

タコのコスプレと言えば、小澤華嶽が描いた『蝶々踊図屏風』にも見られる。これは、

歌川貞秀「東都両国ばし夏景色」（メトロポリタン美術館蔵）

江戸ではなく京都で1840年ごろ大流行した仮装踊りのお祭りだが、タコやすっぽん、なまずのコスプレをして踊る大勢の人達が描かれている。さながら現代のハロウィンの日の渋谷のスクランブル交差点のような賑わいだ。

一年中エンタメ化

今に続く隅田川の花火大会。そのはじまりは1733年。川開きに際して、飢饉や疫病によって亡くなった人たちを弔う意味で打ち上げ花火があげられていた。当時は、両国橋を中心として、上流が玉屋、下流が鍵屋という花火師の領分で、客の注文に応じていつでも花火をあげることができた。今も隅田川花火大会はすごい人出だが、江戸時代も負けていない。両国橋の上は通勤ラッシュの電車並みに混み合い、川面を埋めるほどの納涼船も出ていた。

花見も賑わった。それまで花見の名所と言えば上野の山だったのだが、寛永寺が徳川家の菩提寺となったことでどんちゃん騒ぎができなくなった。そこで、飛鳥山に千本以上の桜を植樹し、新たな名所とした。隅田川の土手や品川の御殿山の桜もその頃整備された。

冬は何もしなかったかと言えばそうではない。江戸時代は割と積雪の多かった時代であり、一面の銀世界を肴に雪見酒を楽しんだ。富裕層は、深川の料亭で、障子を前回にし、寒さを我慢して酒と料理を楽しんだ。

とにかく一年中、なんでも理由をつけては祭り化し、酒を飲んだ。

さらに言えば、商売の物流活動でさえ、江戸っ子たちはエンタメ化してしまう。大坂からの酒は、酒問屋がたくさんあった新川に集中するのだが、そこで「新酒番船」という新酒の輸送レースが毎年秋には行われた。その年に最初にできた酒を積んだ約10艘の廻船が、大坂から同時スタートし、江戸へ到着する順番を競ったレースだ。入賞3位以内の新酒の値段が、その年の酒価格の基準となるというので、酒好きの庶民も注目し、賑わった。ヴォジョレー・ヌーヴォーの初入荷をお祭り騒ぎする状況と似ている。

旅行は意外と自由だった

江戸時代、庶民は自由に旅行できなかった、と思っている人が多い。たしかに、農民が農地をほったらかしにして、勝手気ままに旅行する、なんてことは許されなかった。そもそも江戸時代は、各藩が今でいう国のようなものである。無闇に国境は越えられない。有名な「箱根の関所」に代表されるように、当時は、主に軍事・警察上の必要性で幕府や諸藩が関所を設置し、その数は46もあったと言われる。

とはいえ、現代でも海外旅行する際にはパスポートが必要なように、寺社や名主が発行する身分証明書である往来手形があればそれほど面倒ではなかった。

ただし、「入り鉄砲に出女」という言葉があるように、箱根や碓氷など江戸と地方を結ぶ関所では、江戸に入る武器と江戸から出る女に関して、特に厳しくチェックされた。江戸から出る女性の場合は、江戸留守居が発行する通行手形である通称「女手形」が必要だった。それには、身分・身元・出発地・目的地・人数・旅の目的など事細かに書く必要があり、そういう意味では、江戸の女性にとって関所を越えるのはかなり面倒だったと言える。そのため、江戸の女子旅は、関所のない江の島や金沢八景あたりが人気だったらしい。

それでも、江戸時代には3回の大旅行ブームがあった。伊勢神宮への集団参詣で、お蔭参りと言われる。およそ60年に1回の「おかげ年」には東北からも九州からも一斉に伊勢神宮へ向かったため、街道中に人があふれた。1日最大で15万人が参拝したという記録もある。今の音楽フェスより集客している。1830年には、500万人が伊勢神宮を訪れたという。当時の人口の6分の1が旅行していたわけだ。

伊勢神宮へは、江戸からは往復で30日、東北の釜石からだと片道百日もかかったと言われる。それだけの日数をかけた旅行だから費用も莫大である。とても庶民では払えないのでは、と思うかもしれない。当時普通に江戸から京都に行けば、大体30万円ほどかかったそうだ。ところが、伊勢参りに関しては、信心の旅ということで、沿道から米や酒などの施しを受けることができた。運が良ければ、食費はほとんどかからなかったという。

こうした伊勢参りの大ブームによって、伊勢神宮参詣の名目で通行手形を発行してもらえば、実質的にはどの関所を通って、どこへ行こうとしてもあまり問題視されなくなっていった。関所も、そんなに毎日大人数の旅人をいちいちチェックしていられなかったのだ。

そうなると、庶民の方も伊勢参りを口実にして、違う目的で旅をするようになる。旅は娯楽化し、庶民は物見遊山や温泉に入るために旅をするようになった。現在の旅行と何も変わらない。さすがに現代のように、嫁入り前の女子のソロ旅は危険なためあまり見られなかったが、子どもを育て上げたおばさんたちの集団旅行は盛んだったようだ。

とはいえ、当時、旅の消費市場の最大顧客は男性客である。宿場町には、幕府から黙認されていた私娼としての飯盛女が数多くいたことからも想像できる。

そんな旅行ブームと前後して、１８１０年には、旅行の指南書というべき八隅蘆庵の

『旅行用心集』も出版された。これを見ると、スリ対策や盗難対策が数多く書かれてあり、江戸時代の旅もなかなか大変だったようである。おもしろいものでは、「地元の若い女に声をかけてはいけない」というものもある。要するに「ナンパ禁止」ということだ。あえてこういうのを書くということは、そうした旅の男のナンパで喧嘩やトラブルが多発していたことを物語る。

ちなみに、農村の場合、この頃は村単位で金を積み立て、くじ引きで村民が順番にお伊勢参りをさせるという「お伊勢講」という仕組みがあった。こうした講の仕組みが全国的に拡散したのも江戸時代である。

くじに当たった者が伊勢参りできるのは、村の皆のおかげでもある。よって、手ぶらで帰るわけにはいかず、必ず土産品や土産話を持ち帰る。これが土産のはじまりだとも言われている。また、旅によって得たファッションや知識、芸能や歌などが土産話として持ち帰られ、地方へと波及していく元となった。こうした点からも江戸時代は情報社会であった。

恋や性にオープンな時代

江戸の庶民は、基本的には自由恋愛だった。農村のようにメンバーが固定された社会とは違い、絶えず人口が大量流入する社会であり、祭りは勿論、お月見・花火大会や潮干狩りなどは男女の出会いの場であり、現在のラブホテル業に相当する「出合茶屋」も繁盛していた。

そもそも、江戸時代は男女とも恋や性に対してオープンすぎるほどの時代だった。表向き、「不義密通は死罪」と言われているが、武家はともかく、庶民の間では不倫した者がすべてが死罪になることはなかった。それくらい、不倫は庶民の間で日常的に行われていた。でなければ、落語で「紙入れ」「風呂敷」「近所付き合い」など、不倫をネタとした噺が「あるあるネタ」として大受けするはずがないのである。

ともあれ、江戸の庶民が不倫をした場合は、いちいち役人に付き出すのではなく、当事者同士で示談をして、金で解決することが多かった。不倫した側が支払う示談金を「首代」と呼んだのは、それが死罪の代わりという意味だ。首代の相場は大体70万円ほどだったというから、現代の不倫における慰謝料と大差ない。

婚活ビジネスも江戸時代に存在

不倫の解決も金ならば、そもそも結婚自体も金が解決していた。江戸では、商売としての仲人業も盛んだったのだ。

そもそも、結婚の仲人をビジネス化したのは江戸初期京橋の町医者大和桂庵であったと言われる。医者である桂庵は、多数の商家に出入りしているうちに、嫁探しや婿探しを頼まれるようになる。仕事柄顔が広かった桂庵は、そのネットワークを活用して縁談を次々にまとめては礼金を頂くようになる。気付けば医者の仕事より稼いでいた。厳密には、桂庵が依頼されたのは縁談ばかりではなく、奉公人や妾の手配まであった。そうなると、桂庵に頼めば、どこか就職口が見つかるという口コミが広がり、逆に働き口を求める人々が桂庵のもとへ殺到するようになる。

これが江戸における職業紹介ビジネスのはじまりで、それ以降、縁談や雇い人・奉公人の斡旋を職業とする人のことを「桂庵」というようになった。「口入れ屋」ともいう。縁談を専門とする仲人もこのころ発達した。彼らは、女性が結婚する際の持参金の1割を報酬としていた。

持参金とは、現在の不動産業における敷金のようなもので、妻が夫の元に嫁入りする際に持参するものだ。しかし、それは夫の金になるわけではない。離婚した場合は、妻に全額返却しなければならないからだ。とはいえ、井原西鶴の『世間胸算用』の中には、妻の持参金の利息だけで生活費を賄う夫の話もあったりして、持参金の多寡というのは当時重要だった。

武家と違い、「家が決めた相手と顔も見ずに結婚」なんてことは庶民の場合はあまりなく、見合いが行われ、当人同士の意思が尊重された。見合いといっても、互いに「ご趣味は?」などという会話をする形式ではない。互いに相手を見るだけというものだった。仲人が社寺の境内の茶屋などでの場所をセッティングして、それぞれが偶然そこに来たかのように装って、互いの相手の顔などを盗み見したのだ。気に入らなければ断ることもできた。

江戸時代も需要と供給による市場原理が徹底されており、器量よしの娘はすぐに縁談がまとまったし、持参金の額も少なくて済んだ。持参金不要の場合もあった。しかし、仲人は持参金に対して1割の報酬体系だから、持参金がなくては困る。もっと言えば、持参金の絶対額も大きい方がいいわけだ。そうすると、器量のよろしくない娘に多額の持参金を付けて、無理やりでも縁談をまとめようとする仲人も出てくる。はっきり言って当事者の好意の有無はどうでもよく、縁談さえまとまればいいのである。

落語にもその名の通り「持参金」という噺があり、男は縁談の相手が器量悪しと聞いて即座に断るのだが、持参金の大きさを聞いて目の色を変える。相手のことを見もせずに、すっかり結婚する気になってしまうくだりがある。こうした持参金目当ての結婚は、当たり前のことだったのだろう。

そして、仲人は、何も他人の幸せのために骨を折っていたわけではない。あくまでビジネスである。だから、結婚しても、離婚してくれた方が、またビジネスチャンスが増えるというものだ。まさに「結婚を売り買いする」時代だった。

そんなあこぎな仲人を皮肉った川柳も残っている。「仲人の　命限り　うそをつき」。

仲人は、ある種嘘つきの代名詞にもなった。今でもいう「仲人口に注意」はその名残りである。

余談だが、そんな「金で結婚を買う現象」が今、中国で深刻化している。中国では、この持参金にあたるものは彩礼銭といわれ、夫側が妻側に支払う。これが最近、驚くべき高騰ぶりを見せているという。地域によって変動するが、農村地区でも、「年収の10倍」の金額を要求されることもあるという。かつて日本のCMで婚約指輪は「給料の3カ月分」とか言われていたが、そんなレベルを遥かに超越している。

その原因は、中国の「男余り現象」だ。本書でも、日本の未婚男性は300万人の「男余り」だと紹介したが、人口14億の中国ではケタが違う。中国の男余りは3000万人以上と言われ、欧州の国ひとつ分の規模だ。

要因はもちろん、一人っ子政策にあるのだが、需要と供給の関係で女性側は強気になれる。十分「ふっかけられる」のだ。

となると、江戸時代の仲人同様、悪知恵を働かせる輩が出てくる。たとえば、最初に男に彩礼銭500万円ほどを先払いさせた後で、さらに追加で不動産の名義変更を要求する場合もある。さすがに、それではたまらないと男が断ると、「一方的な婚約破棄だ。最初にもらった500万円は慰謝料としてもらうので返さない」と言うらしい。最初からそれが目的だったのだろう。

もっと酷いのになると、嫁役・両親役を立てて、先払いの彩礼銭を受け取った後、行方をくらませるという事案も発生しているようである。もう立派な詐欺事件だ。どこの国でもいつの時代でも、同じようなことが起きるものだ。

江戸の出版文化を作ったサロン「連」

江戸に花開いた文化は、食文化に加えてもうひとつ出版文化がある。その仕掛け人は、一人の天才編集者によって成し遂げられた。その名は、蔦屋重三郎という。

重三郎は、もともと吉原遊郭の勤め人だった父の息子として生まれ、のちに吉原の茶屋を運営する喜多川氏の養子となった。「蔦屋」とは喜多川氏の屋号である。重三郎最初の出版は、1773年、吉原遊郭の情報誌ともいうべき『吉原細見』で、単に店の紹介だけではなく、店ごとに遊女の名前を記すという、まさに男性の感情をゆさぶる編集をした。今でいえば新宿歌舞伎町で、「キャバ嬢名鑑」を売るようなものだ。当然、売れに売れた。

その後、当時はまだテキスト中心だった狂歌本に挿絵を入れた「絵入狂歌本」を輩出。これは現代で言えば、静止画中心のWEBサイトを動画中心にするくらい画期的なことだった。このビジュアル化された狂歌本の絵師として、当時は北尾政演と号していた後の山東京伝が起用されていく。京伝は重三郎おかかえの作家として、のちに黄表紙・洒落本のベストセラー作家に成長していくこととなる。黄表紙とは、もともと青本と呼ばれ、絵師の描いた大人向け絵本という類のものだったが、恋川春町の『金々先生栄花夢』以降、知識層向け作品に昇華し、黄表紙と呼ばれるようになった。黄表紙は、登場人物の台詞が吹き出しで書かれるなど、今でいうマンガの原型のようなものである。当然、重三郎と春町も親交があった。

ちなみに、洒落本とは遊郭での遊びについて書かれたもの。吉原で遊ぶには、知らなければ恥をかく作法もあったし、今風にいうと「風俗体験記」のようなものでもあった。

いつの時代も、ハウツー本というのは需要があるということだ。

重三郎が、江戸出版界において次々と斬新で革新的な挑戦をし続けたことは間違いないのだが、彼の偉業は、何より、江戸を代表する幾多のクリエイターを世に送り出したプロデュース力だった。

絵師としては当時まだ無名だった葛飾北斎を起用したり、喜多川歌麿による狂歌集『画本虫撰』も、版元は重三郎だった。後に、北斎と組んで『新編水滸画伝』を書いた曲亭馬琴や『東海道中膝栗毛』の作者である十返舎一九は、デビュー前に重三郎の世話になっている。

晩年は、謎の絵師・東洲斎写楽の役者絵を出版した。他にも、絵師でも作家でもないが、エレキテルで有名な平賀源内とも交流がある。この時代、江戸時代を彩ったクリエイターたちは彼ら自身の才能もさることながら、重三郎がいなかったら日の目を見なかったといっても過言ではない。

このように、重三郎がプロデュース力を発揮した背景には、彼が吉原出身であるということと、当時のサロン型コミュニティとしての「連」の存在が大きい。その頃江戸では狂歌が大流行し、重三郎自身も「蔦唐丸《つたのからまる》」というふざけた狂名で狂歌を発表し、いつしか狂歌連の中心人物となっていく。

狂歌連というと格式高いと思われるかもしれないが、要するに、吉原の女好き遊び人のサークルのようなものだ。今風に言えば、ラップ好きやＤＪ好きの若者が六本木や西麻布のクラブに集うようなものと変わらないだろう。実際、重三郎がはじめて手がけた黄表紙は、当時の人気作家の朋誠堂喜三二だったが、彼も狂歌連仲間である。しかも、若い頃から吉原通いを続けた「宝暦の色男」といわれた生粋の遊び人でもある。

連というサロンの中では、身分も階級も問わない。事実、朋誠堂喜三二の本名は平沢常富といい、出羽国久保田藩の藩士だった。狂歌三大家と言われる大田南畝も幕府官僚である。ちなみに、南畝も重三郎の元から黄表紙を発刊している。また、狂歌連だからといって、常時狂歌のことばかりを語り合っていたわけではない。単におもしろいおしゃべりをするだけの集まりもあった。そして、その「噺の会」がやがて落語という形で結実していくことになるのである。

これはまさに、重三郎自身が中心となって、今でいうオンラインサロンのようなコミユニティを運営していたようなものである。狂歌連以外にも、俳諧連、医学連などさまざまな連が存在していた。しかも、重三郎の連に集う作家や絵師などのクリエイターは、身分・所属といった肩書きは関係ない。武士も職人も町人も一緒で、本名すら名乗らないのだ。皆それぞれのサロンごとに好きな狂名を名乗った。

こうした個人が個人として立ち、ひとつのアイデンティティに縛られない多名性というものが、まさに江戸時代の多様性のある文化を生み出す元でもあったのである。

春画はポルノではない？

印刷テクノロジーの進化によって花開いた出版業だが、前節までに紹介した鈴木春信、喜多川歌麿、葛飾北斎などの絵師がほぼ必ず描いていたのが春画である。

江戸時代の春画は今の「男性向けAVやエロ本」の類だと思っている人も多いだろう。実は、春画はポルノではなかったらしい。もともと春画は「笑い絵」とも呼ばれ、皆で笑いながら眺めるものだったそうだ。そう考えると、あのデフォルメされすぎた男性器の描き方にも合点がいくのではないか。しかも、春画は男性だけが見るものでもなかった。むしろ母と娘、女中仲間同士でも楽しむものだったし、嫁入り前の娘にとっては性教育の役割も果たしていた。

とはいえ、春画に描かれているのは、男女のセックスのシーンである。だとすれば、「春画はポルノではない、というのは違うのでは」という意見もあろう。元来、ポルノグラフィーとは、アメリカの辞書編纂者の定義によれば「性的興奮を起こさせることを目的としたエロチックな行為を、文章または絵などで表現したもの」とある。春画は、見る者に対して性的興奮を目的としたものではなかったのだろうか。

日本の江戸文化研究者で法政大学総長の田中優子氏によれば、春画とは二人（男女に限らず）によって得られる「性の快楽の風景図」という表現をされていて、なるほどと思った。快楽とは隠してしまうべきものではなく、風景のようにそこに当たり前にあるものだったのだ。

そもそも日本人は性に対するマナーはあってもタブーのない民族だった。性の快楽は食の美味しいと同じレベルのものであり、当時は何ひとつ隠し立てするようなものではない。それは子どもに対しても同様だ。むしろ性に興味を持つ子を言祝ぐのが日本人だった。性の快楽をタブー視するようになったのは、明治以降の西洋（キリスト教）的価値観の影響が大きい。

江戸時代と現代の日本との奇妙な類似性

「宵越しの銭は持たない」という江戸のソロ男たちの生き様は、ともすると刹那的であると言われるが、単に消費意欲が旺盛だったということでもないし、金銭感覚が乏しかったというわけでもない。逆に、今までの事例でわかる通り、江戸の庶民たちの経済意識は非常に高かったと言えるだろう。

むしろ、消費によってモノを所有する価値、モノ消費のような価値観ではなかったと言える。それよりも、ある者は酒と食、ある者は娯楽、ある者は性という手段を通じて、人間としての根源的な欲求を満足させようとする意欲が強かった。彼らにとって消費行動とは「幸せ感の獲得」であり、「人とのつながり」でもあり、精神価値充足の手段でもあった。これもまた、現代のソロのエモ消費に通じるものがある。

類似点は他にもある。

歴史人口学者の鬼頭先生から聞いた話では、江戸時代に有配偶率が低下した要因は、「女性の活躍」「晩婚化」「死亡率の低下」の3つだという。これもまた、現代の日本とまるで一緒ではないか。

鬼頭先生によれば「18世紀、農家の女性が糸をつむいだり布を売るといった手仕事による産業が発展するんですね。そうした仕事は主に女性が担っていたので、親も労働力として手放したくなくて、結婚年齢が遅れたのではないかと。それから江戸時代は乳児の死亡率も改善したので、結婚年齢を遅らせても大丈夫となり、その分を貴重な働き手として労働時間に充てようということもあったと思う。そういう意味での女性の活躍だった」ということだった。

現代も未婚率の上昇は、女性の大学進学率の上昇および1986年の男女雇用機会均等法を契機とした女性の社会進出によるところがあるし、女性の未婚率が高い職業は、医師やデザイナー、著述業、専門的知識を必要とする職業などに偏っている。

図4-5　江戸時代と明治以降の人口増加率推移

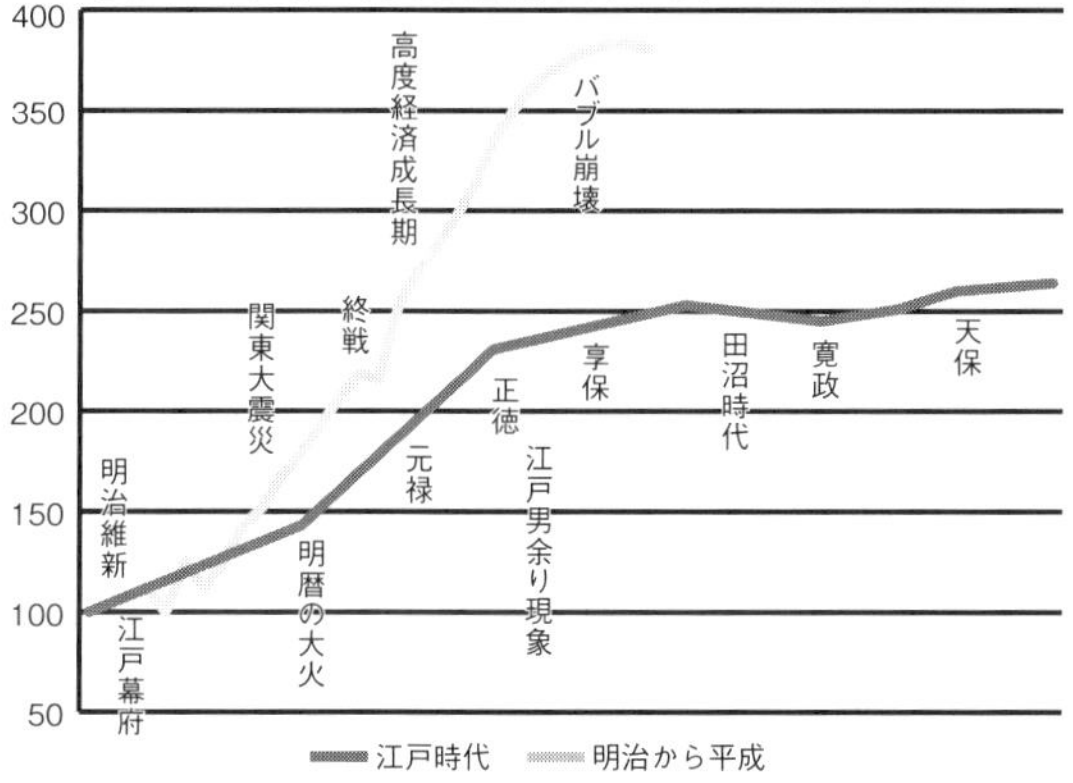

「国勢調査」及び国土庁「日本列島における人口分布変動の長期時系列分析」(1974年)より
それぞれ江戸幕府開設時と明治元年時の人口を100として荒川和久作成

つまり、仕事に没頭するようなタイプの女性ほど未婚なのだ。結婚適齢期といわれる20代後半から30代前半は、彼女たちはまさに仕事に夢中であることが多い。結果、結婚意思の強弱にかかわらず、晩婚化となる。さらに仕事において経済的自立を達成した女性は、無理に結婚という形を選択する必要もなくなる。死亡率の低下に関しては、江戸期は乳児の死亡率改善だったが、現代の場合は高齢者の長寿化ということになろう。

江戸幕府開始からと明治維新以降の日本の人口動態をスタート時点を100として比較したグラフ（図4—5）をみて

いただきたい。よく似ていないだろうか？

江戸時代も１６５７年の明暦の大火を契機として人口の急激な増加が始まっているが、この大火事は幕府開設から54年後である。１９２３年に起きた関東大震災も明治元年から55年後である。江戸も東京も、その後復興によって大幅に人口が増えていくというパターンも共通する。

江戸時代に人口がもっとも急上昇したのは、徳川綱吉の頃で、これは「元禄バブル」とも言われる好景気だった。それは現代にすれば戦後の高度経済成長期と合致するし、元禄バブル後、長きにわたって続いたデフレもまた、今の経済に通じるものがある。

そして、２０１５年には、日本の人口は減少傾向になるのだが、江戸時代もまた人口停滞期を迎えていた。江戸では男が女の2倍の人口があり、男余り現象であったことも今とそっくりだ。江戸時代はこの後、幕末まで人口はほとんど増えない人口静止状態になる。ここまで人口の推移や経済の状況、配偶関係の状態などがことごとく一致すると薄気味悪い感じすら覚える。

本章で述べてきた江戸時代に花咲いた文化の大半は、享保から天保にかけての時代に集中している。そう考えると、現代のアニメやコスプレ文化、AR・VRなどのテクノロジー文化、スマホやネット環境など情報技術の進歩、ECや仮想通貨、クラウドファンディングなど商取引形態の革新など、新しい文化が花開く土台すらそっくりであると言える。

江戸の民は集団主義だったのか？

日本人は集団主義で、家や組織の共同体の原理に従い、個人としての主張を差し控える民族であると誤解している人が多いが、一部の上級武士や高級商人を除けば、「家」の意識より「個人」の意識が強かった。もともと江戸という町自体が、家を飛び出して個人が個人として集まった町でもある。農村の村八分制度や江戸の長屋の五人組組織も、逆の見方をすれば、そうした罰則規定がなければ、個人としての行動を制限できなかったからとも考えられる。

明治以降は、法律によってそれまでの武士の考え方や家父長制度が庶民にも適用されたため、日本人は「個人より集団」という刷り込みがされてしまったが、明治以前の日本人の姿とは、「個人化した社会」の中に生きていたと言える。だからこそ、ソロも多いし、離婚も多かった。ひとりで食事をすることは当たり前だし、個人として経済的に自立するために、それぞれが起業していた。娯楽産業が栄え、祭りがエンタテインメント化し、ひとり旅が盛んだったのも、それが必要な消費だったからではなく、生きていく上での精神的充足を求めたエモ消費のひとつの表れだった。グルメ番付や瓦版といった情報産業が栄えたのも、個人として生きていくために必要なインフラだったからだ。

しかし、だからといって、江戸の町が個々人バラバラで孤独な個人の集まった町だったわけではない。長屋の中では、その長屋全体がひとつの家族として機能していたし、血のつながりよりも地域のつながりによって強く結びついていた。前述した連というコミュニティによって、趣味や同じ興味関心で結びついた者同士が、新たな仕事を生み出すこともあった。これこそ、個人化する社会において必要な「拡張家族」の概念だったとも言える。

そういった意味では、これから日本が迎えるソロ社会というものは、すでに江戸時代に経験している社会でもあり、もしかすると日本人としての原型なのかもしれない。

「快適さを物質に頼るのが文明、精神において追求するのが文化」とは、落語家の立川談志さんの言葉だが、江戸のソロ男たちは、子孫こそ残さなかったものの、今に続く多くの文化や産業を残したとも言えるだろう。

一人で暮らす人たちが多い社会だからこそ、個人単位で人とつながる意識を大事にする。それこそが、これから訪れる未来のソロ社会において、私たち一人ひとりの生き方のヒントであると考える。

本書に江戸時代の話を、あえて1章割いてまで掲載したのは、そういう理由によるものだ。

※本章における価格の金額換算は、わかりやすくするため1文＝25円、1両＝10万円換算（江戸初期から1772年あたりの換算。実際には1772年〜幕末にかけて1両は8万円程度に下落している）で統一している。

第5章　ソロたちのプロファイリング

オンマインドとオフマインド

第3章で、ソロのエモ消費について触れた。ソロと家族の消費が異なるのは、単に世帯類型の違いだけではなく、本質的にはそれぞれの内面の違いが大きい。

ネットでの消費行動が活発化し、いわゆるオンラインとオフライン（リアル）の購買行動の統合が叫ばれているが、もうひとつのオンとオフにも着目したい。オンマインドとオフマインドである。

つまり、消費行動には、有意識と無意識の行動があるということだ。そして、思うより多くの比重を無意識が占めている。

現状維持意識の高い家族は、基本的にその保全のために消費をしているが、ソロは、その満たされない欠落感を埋めるべく「本人も意識しない何か」に突き動かされてエモ消費をしている。消費そのものが無意識の目的行動化しているとも言える。目的のために消費している家族と、消費行動それ自体に潜在的目的が隠されているソロとでは、消費の位置づけが大きく異なる。

ソロと既婚との消費行動の違いは、幸福度の違いにも明確なように、両者の内面の違いに起因するのではないか。本章では、そうした仮説に基づいて、ソロと既婚との違いを感情や欲求といった部分に置いて深掘りし、ソロのプロファイリングをしていきたいと考える。

ソロは自己矛盾行動をする

ビジネス上では、朝令暮改は信用を失うと言われる。言っていることがコロコロ変わるのでは、重要な取引をする相手として信用されない。一貫性のある上司が信頼を得るのもそのためだ。

一貫性、統一性。これらは、人間関係を形成することにおいて重要な要素だが、この首尾一貫性がないのがソロ、特にソロ男の方である。

ソロ男は企業の「売らんかな」の姿勢を嫌うが、その意識を加速させているのが、ネットでの個人のアクセス履歴に基づいて出てくる広告だ。当然、一度自らアクセスしたからこそその企業や商品の広告が出てくるわけで、最初は興味があったはずだ。しかし、ああいう形で繰り返し広告を見せつけられるとこう思うようになる。「ウザい！　絶対買わない！」と。広告が逆効果になり、買わないという行動の強い理屈付けを後押ししてしまうことになる。

私の調査によれば、「企業のキャンペーンが買う商品に影響を与えるか？」という質問に対して、ソロ男の実に4割近くが「影響されない」と回答している。既婚男女と比べて、ソロ男はその意識がかなり高い。

つまり、何かプロモーションや販促などの仕掛けをしてもソロ男はそれに反応してくれないということだ。こうした結果によって「だから男を狙っても意味ないんだよ」という意見があることもわかる。

ところが、プロモーション施策の具体例を提示して、各々に反応するかどうかを聞いてみたところ、結果は意外なものだった。

口では「企業の販促に踊らされない」と言ってはいるものの、実は思い切り踊ってしまっているのはソロ男の方なのだ。

図5-1 ソロ男は企業に踊らされまくっている

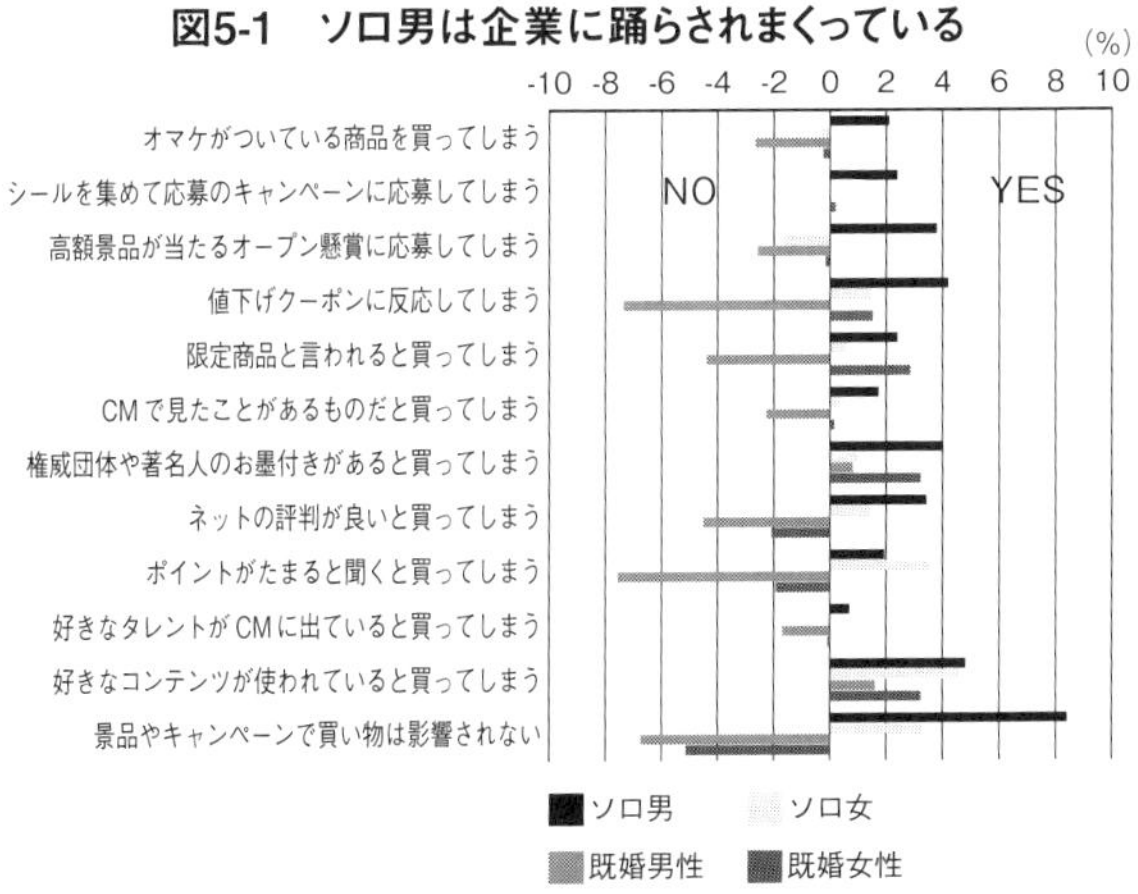

2016年ソロもんラボ調査　1都3県20-50代男女　N=520よりそれぞれ全体平均値との差分。

ほぼ無反応なのは既婚男性だけで、ソロ男が全ての施策で全体平均を上回る。特に「値引き」「限定商品」「権威のおススメ」などの仕掛けには滅法弱い。むしろ行動傾向としては既婚女性に近い。

「企業の販促には踊らされないと言う反面、値引きや限定品に敏感に反応」という一見矛盾する意識と行動。実は、これこそがソロ男に特徴的に見られる行動であり、私は「自己矛盾行動」と名付けた。彼ら自身、この意識と行動の矛盾には気づいていない。ソロ男ほどではないが、ソロ女にもその傾向が見られる。

ソロ男の典型的な自己矛盾行動例は次

の通りだ。
・誰かと遊びたがるくせに、一人になりたがる。
・結婚する気がないくせに、女性にモテたがる。
・他人を褒めないくせに、自分は褒められたがる。
・他人を気にせず自由に生きたいと言うくせに、他人の評価を気にする。
・自分の好きな商品しか買わないと言うくせに、類似の新商品が出るとすぐ買ってしまう。
・身近な人の薦めでは買わないくせに、ネットの見知らぬ人の評価を素直に聞き入れる。
・長生きにはこだわらないと言うくせに、健康食品を買ってしまう。

要するに、「素直じゃない」と一刀両断もできるが、素直じゃないがゆえに本心と裏腹の行動を取るということは、逆の見方をすれば、取った行動と裏腹の本心がすぐわかるということでもある。むしろ単純でわかりやすい性格と言えよう。

ソロ男の典型例・葛飾北斎

江戸時代にも、自己矛盾行動の権化のような男がいた。彼は結婚もして子もなしてはいるが、生き方はソロ男そのものだ。その名前は、葛飾北斎という。

北斎は、曲亭馬琴の『椿説弓張月』『新編水滸画伝』などの挿絵を描いていたが、へそ曲がりな北斎は馬琴の指示を守らないことが多かった。馬琴が指定した人物の配置を左右逆にしたり、勝手に狐のキャラを加えるなどで、しばしば馬琴と大喧嘩になった。

が、ふと、馬琴がひらめいた。

「もしかして、自分が描いてほしいものと逆の指示をしたら希望通りの絵になるのでは？」

馬琴の思惑は大当たり。北斎はまんまと馬琴の術中にはまり、指示と逆の絵を描いたという逸話がある。「へそ曲がりも徹底すると逆に素直である」と、馬琴は知人にそのことを手紙で知らせている。

ソロ男を扱うにはこうした馬琴的な柔軟さが必要だ。企業が押したい商品だとしても

「言われて決めた」のでなく「自分が選んだ」と思わせることができれば、彼らは嬉々として買ってくれるだろう。

ちなみに、ソロ男のこの傾向だが、２０１４年から継続して同じ調査を実施しているが、皮肉にも。この傾向だけは彼らは首尾一貫している。

ソロ男女のパーソナリティ特性

具体的に、ソロと既婚の価値観がどれくらい明確に違うのかについて見てみたい。データは２０１８年１月に実施した、全国20～50代男女２万人に対するインターネット調査からである。

「一人の生活か、誰かと一緒の生活か、どちらが充実するか？」については、当然ながら、圧倒的にソロは「一人の生活が充実」と回答している。ソロ女に至っては、ソロ男の53％を大幅に超える約65％が「一人がいい」と答えているのだ。結婚するかしないかの境目はまさにここの価値観の違いが大きいと言える。

図5-2　ソロは圧倒的に一人が快適

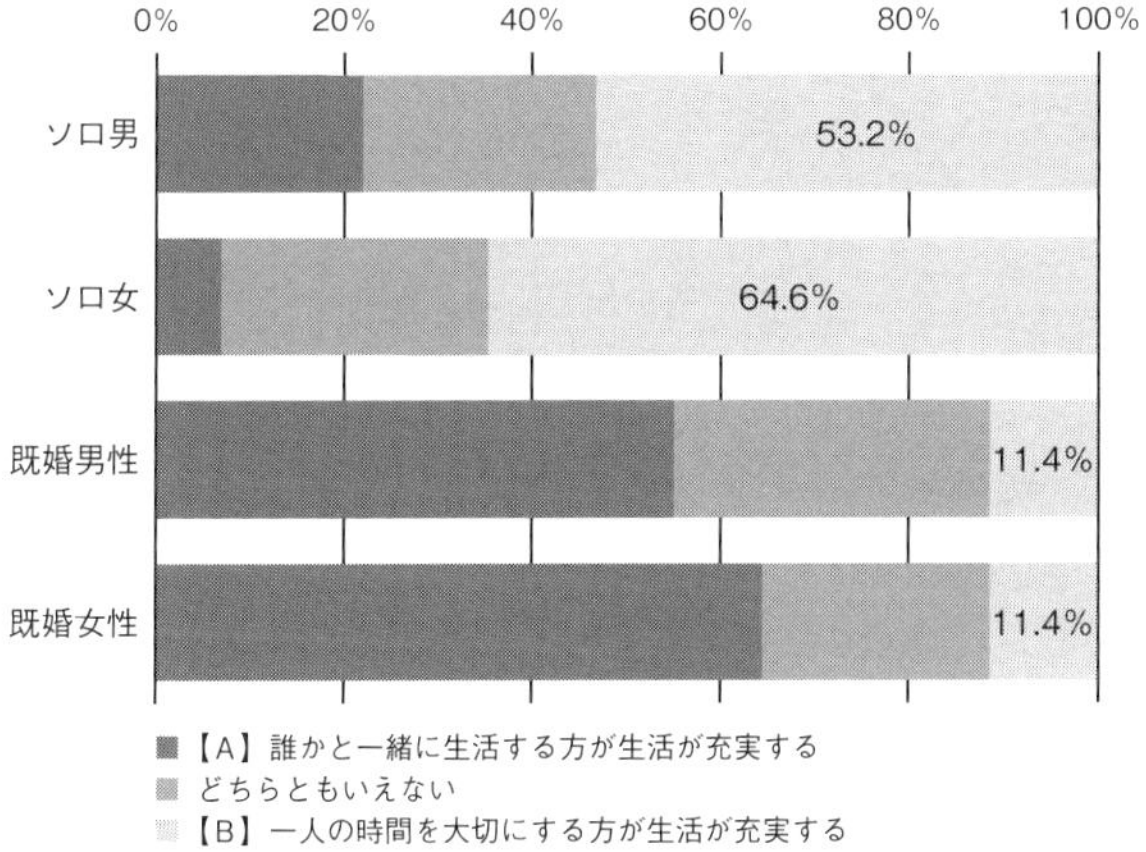

図5-3　ソロは愛よりお金

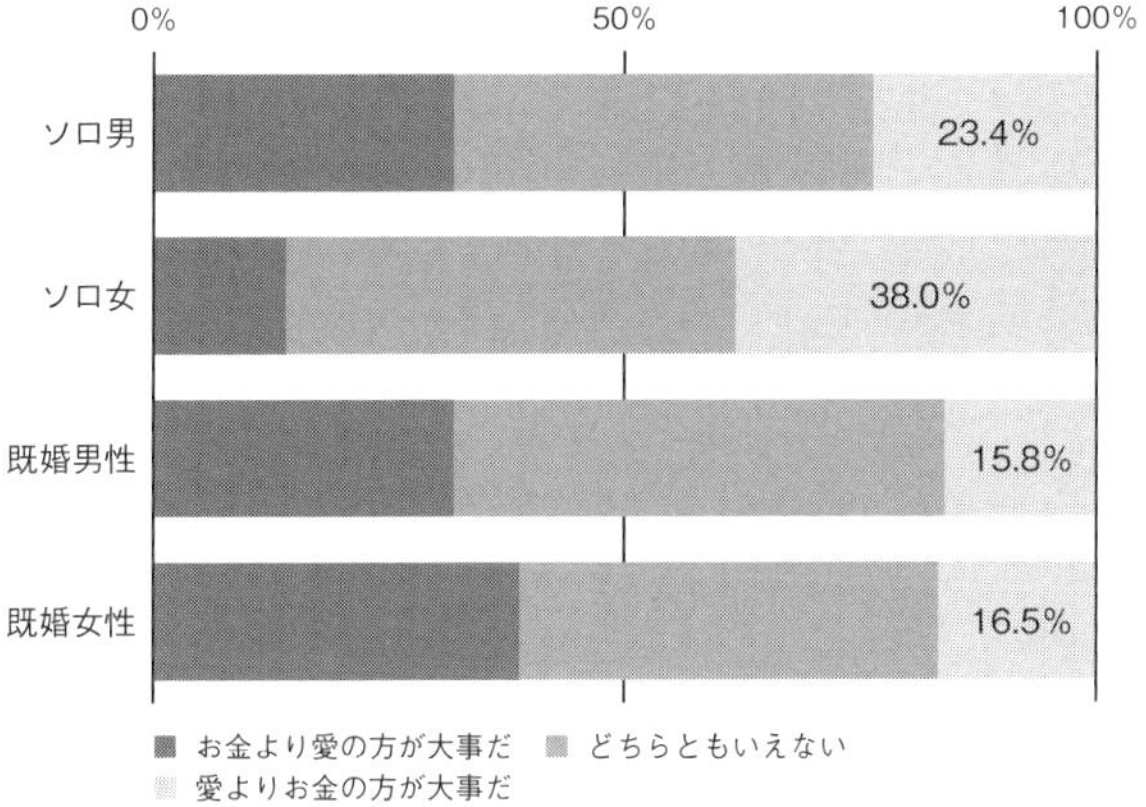

「大切なのは愛か、お金か？」という質問についても、ソロと既婚は大きく違う。既婚男女とも「お金の方が大切」と答えたのは15〜16％であるのに対して、ソロ男は23％、ソロ女は4割近い38％が「お金が大切」と答えている。

「感情的か、理屈っぽいか？」という問いでも、既婚女性が2割を切っているのに対し、ソロ女は既婚男性以上の28％、ソロ男は41％が「理屈っぽい」。

「今を楽しむか、将来に備えるか？」についても、「今を楽しみたい快楽主義」がソロ男女とも3割で既婚男女のほぼ2倍だ。「人を信用できるか、できないか？」でもソロと既婚は真っ二つに分かれる。ソロは4割近くが「人を信用できない」のだ。

興味深いのは、「社会的協調性」である。「社会や周りの人との調和を大切にする」のは、唯一既婚女性で73％もいるのに対し、ソロ男女は50％前後で、既婚男性も同レベルである。

特徴的なのは、ソロと既婚が水と油ほど価値観が正反対であると同時に、「理屈っぽい」「協調性」など本来男女で分かれるはずのものが、ソロ女はことごとく男性寄りである点である。

図5-4　ソロは何かと理屈っぽい

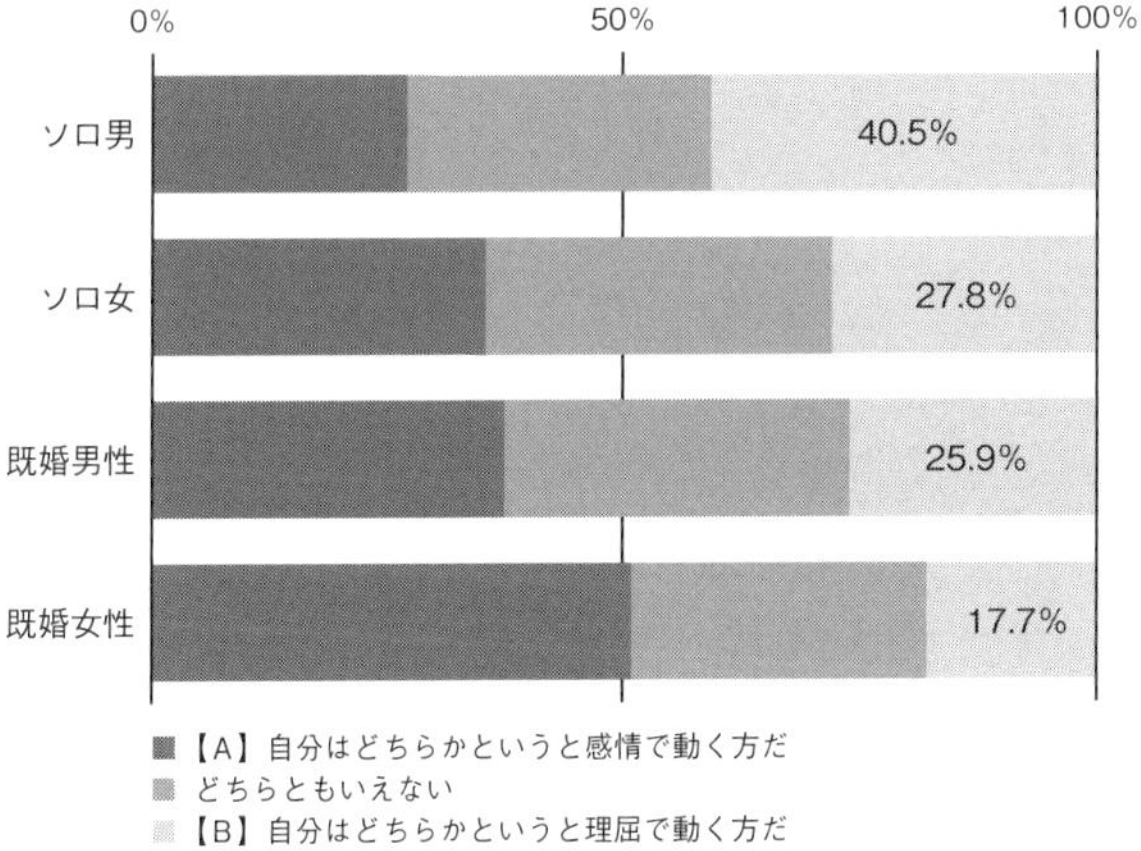

図5-5　ソロは今を楽しみたい快楽主義

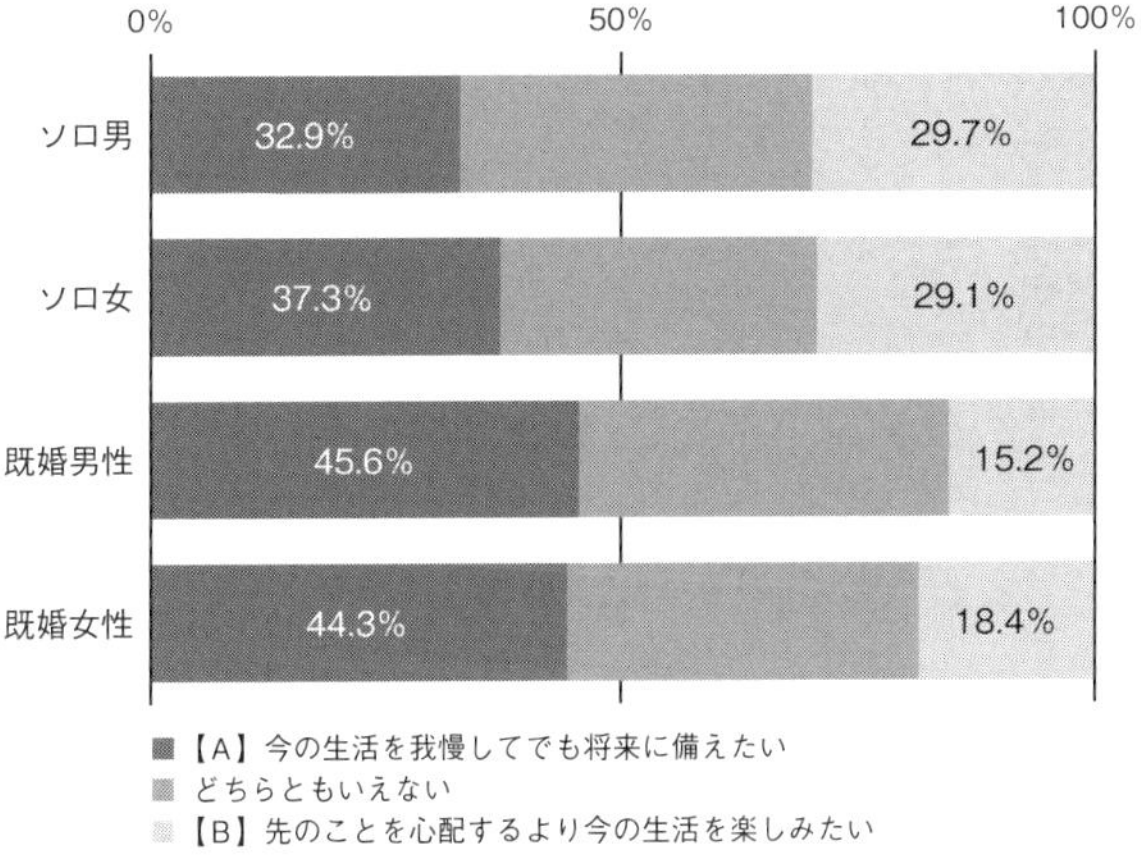

極め付けは「(普段)泣けない」という項目だ。ソロ男48%、ソロ女42%で、既婚男女の3割に比べて圧倒的に高い。ソロは泣かないのだ。いや、正確には「泣けない」のかもしれない。

ソロ男はわかるにしても、ソロ女も泣けないとはどういうことか。これは「感情で動かない」という点と関連していると思うが、自分自身を制御して、我慢して泣かないならまだしも、そういう感情が湧き起こらない、という事態だとすると深刻だ。ネットで話題になっているような「泣ける動画」や感動必至の映画を観たとしても、ソロ女は泣けないのかもしれない。

たとえば、女子会の席で同性の友人から深刻な相談を持ちかけられたとしよう。相談者が話をするうちに、悲しみの感情が抑えきれず泣きだしてしまうことはよくある。そうした時に、一緒になって泣いてしまうという女性もいるだろう。それは「感情で動き」「泣ける」共感性の高い、いってみれば「既婚女性タイプ」なのだ。対してソロ女は、一緒に泣くどころか、おそらくロジカルに考え、悩みの解決策をあれこれ提示してしまったりするのではないか。男がよくやって女性から怒られてしまう「あるある」の

図5-6　ソロは他人を信用できない

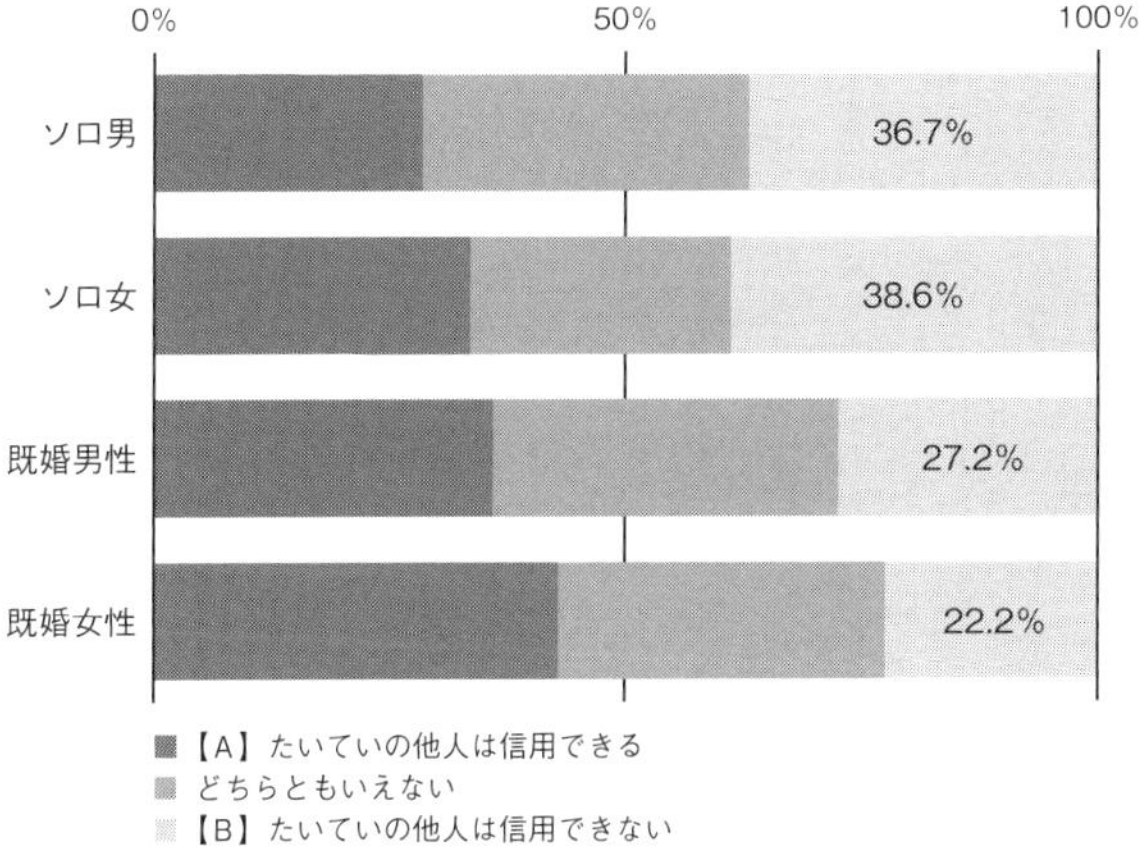

図5-7　ソロは社会的協調性が低い（既婚男性も）

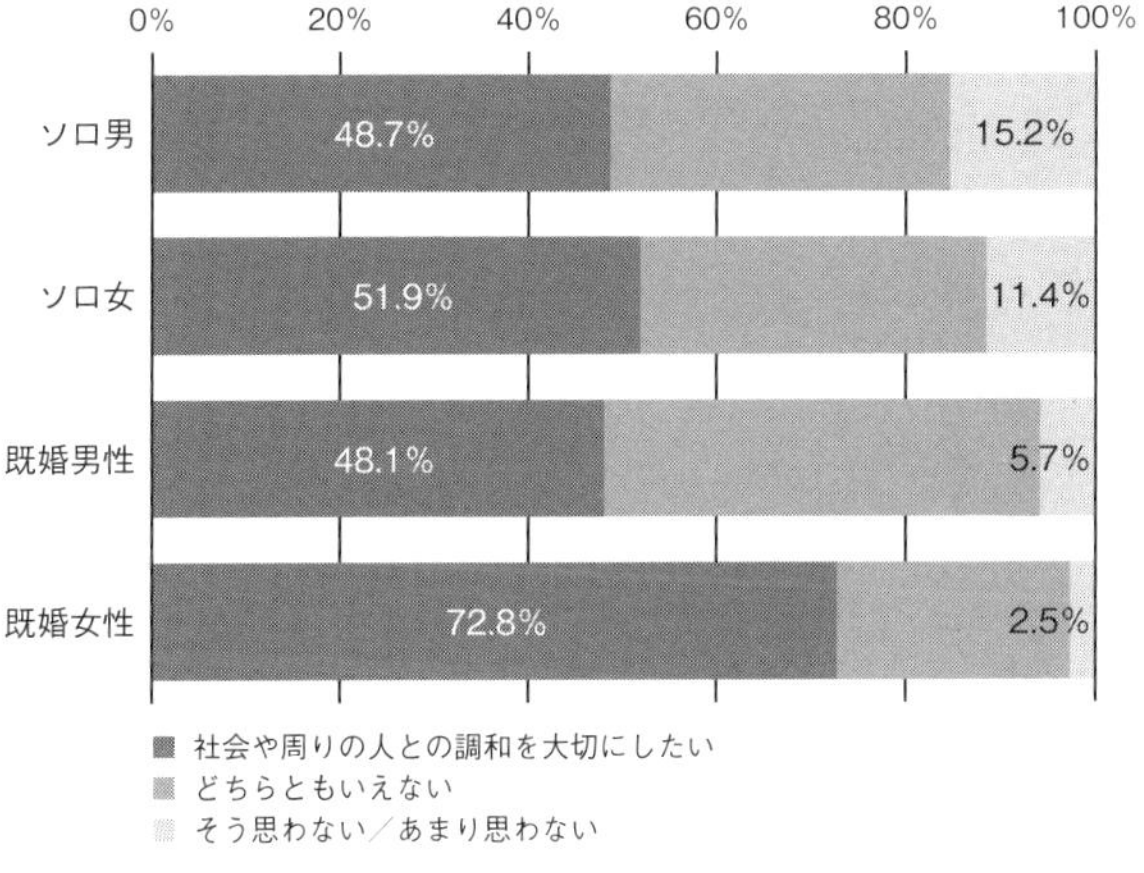

行動だ。

ここに出したのは一例だが、他にも「愚痴を他人に言えない」「他人を褒めるのが苦手」「白黒つけたがる」など、一般的に男性に多いとされている項目もすべてソロ女は既婚男性並みかそれ以上だ。「表情やしぐさで相手の思っていることを察することができるか」という質問に対しても、「できない」と答えた既婚女性はわずか9％だが、ソロ女は20％もいる。既婚男性21％、ソロ男24％なので、こちらもどちらかというと、男性側に近いことが見てとれる。

もちろん、すべての行動・生活意識において、ソロ女全員が男っぽいと結論づけるつもりはない。そもそも「男っぽい」という定義自体も、曖昧なものだ。しかし、経済的にも自立し、精神的にも自立せざるをえない環境にあるソロ女たちは、無意識のうちに、自己を強く律してしまう傾向があるのだと思う。

ここでいう「男っぽい」とは、ソロ価値観にもある「自分以外頼りたくない」という意識に近い。ある面では自立と言えるが、行き過ぎると自分で自分を追い込んでしまうこともある。

このように、ソロと家族とは水と油ほどの違いがある反面、ソロ男とソロ女は性差を超えた類似点が多い。にもかかわらず、今まで独身女性ターゲットのマーケティングはあまりに「将来結婚する女性」向けに寄り過ぎていたと感じている。

何もソロ女が絶対に結婚できないとは言わないが、ここでの調査にあるように、女性の場合、ソロと既婚とではあまりに価値観が違い過ぎる。別の性だと考えた方がよいくらいだ。

ここで、本書を読み進めてきたみなさんは「あれ？」と思うだろう。「ソロは感情で動くエモ消費をすると言っていたのに、理屈で動いて感情では動かないの？」とツッコミを入れたくなると思う。

実はここにこそ、ソロであるがゆえの「へそ曲がりで面倒くさい」ポイントが潜んでいる。これは感情で動かないわけではなく、「自分は感情に押し流されているのではなく、ちゃんと理屈で考えて、合理的に動いているのだ」と思いたいだけなのだ。

それゆえ、感情の動きを理屈で抑える行動も多くなる。泣けないのではなく、泣かないようにしているのだ。そうでもしないと、あふれる感情によって、自己の欠落感を埋

図5-8　ソロは有能ではない自分を認められない

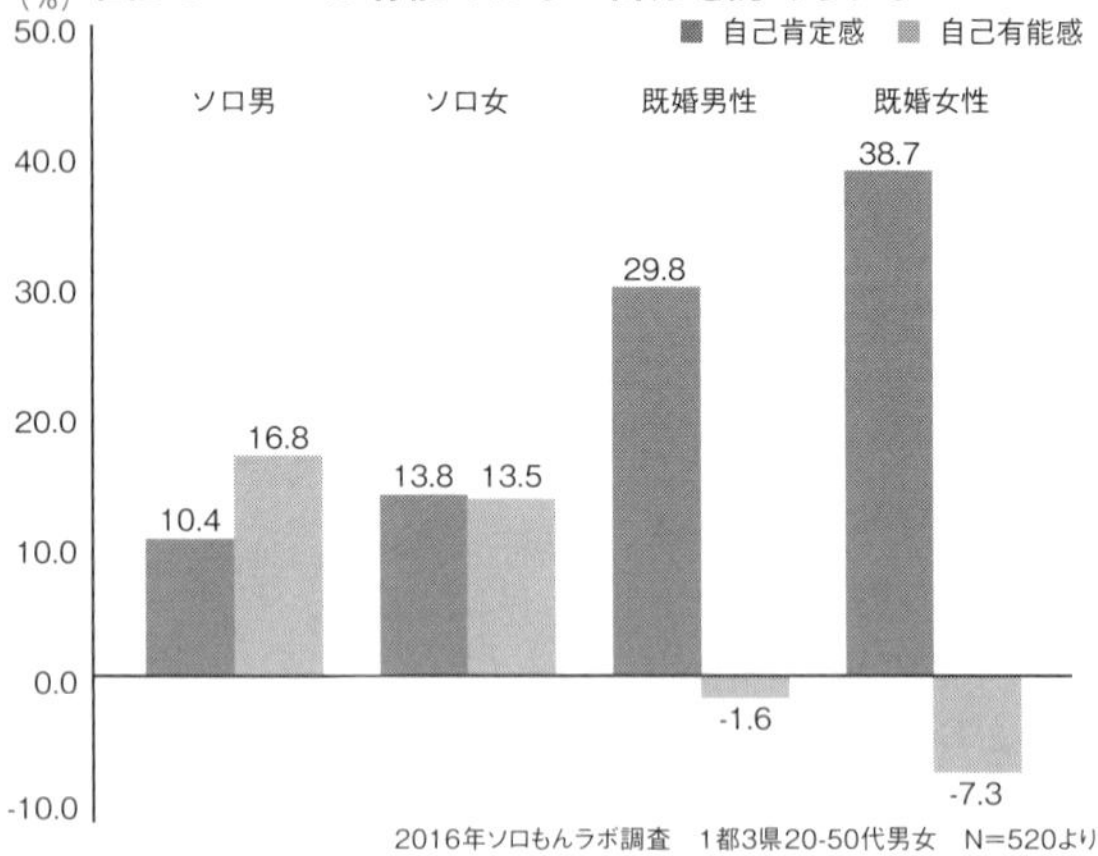

2016年ソロもんラボ調査　1都3県20-50代男女　N=520より
自己肯定感及び自己有能感の「あり」「なし」の差分。

めるどころか溺れてしまいかねない。つまり、ソロは理屈付けされた感情で動いていると言える。

自己有能感と自己肯定感

　ソロと既婚との感情構造の違いをもっとも端的に表しているのが、それぞれの自己有能感と自己肯定感の相関である。

　ここでの自己有能感の定義とは、客観的に自分を評価した時に「才能や能力がある」と思える意識で、自己肯定感とは、主観的に自分を見た時に「自分が好きだ」「自分を認められる」という意識である。

図5―8は、それぞれの意識の有無の差分を表している。マイナス表示は「ある」より「ない」が上回っているということだ。

ソロ男女とも、自己有能感と自己肯定感はプラスであり、値もそれぞれ同程度だった。一方で、既婚男女は、自己有能感はそろってマイナスである。「自分にはたいした能力はない」と客観視しているのに、自己肯定感は非常に高い。これは、言い換えると、既婚男女は、「自分が有能であるかどうかと、自分を肯定できるかどうかは無関係」であるのに対し、ソロ男女は「有能でなければ、自己肯定できない」ということを表している。事実、個別のローデータで確認しても、ソロの有能感と肯定感は高い相関関係が認められた。

自己肯定感は主観的幸福度と密接に結びついている。既婚がソロより幸福度が高いのも、この自己肯定感の高さゆえだろう。

これらをふまえて、さらにソロの内面特性について深掘りしていこう。

ソロの自己肯定感をあげる意外な要素

自己肯定感を高めている要因は何かを明らかにするために、20～50代のソロ男女、既婚男女に対して、300問に及ぶ質問項目を用意し、回答してもらった。それぞれ自己肯定感の高いグループと低いグループに分けて、多変量解析に基づいて因子を抽出し、その相関関係を確認した。2016～2018年にかけてソロもんラボにて収集した延べ約3000人分のデータを集約している。ここでの既婚女性は全員有業者（パート含む）である。

結果、自己肯定感との相関の高い因子が、ソロ男女及び既婚とで大きく違っていることがわかった。各々上位5つを掲出している。自己肯定感の高いソロ男は、上位に恋愛に関する項目が2つも入っている。同様に既婚男性にもひとつ見られる。一方、女性はソロも既婚も恋愛関連項目はひとつもなく、ソロ女は仕事軸で占められているし、既婚女性は常識や協調性などが大半だが、これも家庭生活に関わる地域やママ友との協調活動を考えれば、既婚女性にとっては仕事と言っていいかもしれない。

図5-9 ソロ男女の自己肯定感調査との相関

自己肯定感が高い群

ソロ男		ソロ女	
自分には他の人にはない特技や才能がある	0.58	今の仕事が好きである	0.73
自分は今の給料以上に働いていると自負している	0.56	今の職場が好きである	0.71
自分は恋愛上手な方だ	0.54	仕事(職場)を辞めたいと思うことがある	-0.62
常識にとらわれない柔軟な発想ができる	0.49	仕事は生き甲斐だ	0.60
恋愛に関して積極的だ	0.46	自分は今の仕事で役に立っている	0.40
既婚男性		既婚女性	
自分は恋愛上手な方だ	0.64	常識をわきまえた行動をしたい	0.73
自分の主義主張をはっきり言える	0.58	社会や周りの人との調和を大切にしたい	0.69
自分には他の人にはない特技や才能がある	0.57	常に心のゆとりを持っていたい	0.66
確固たる自分らしさを持っていて、誰に対してもそれが変わることはない	0.55	自分の内面を磨く・保つための努力をしていきたい	0.63
自分の個性やセンスを周りの人にアピールしたい	0.46	色々な経験をして自分を成長させていきたい	0.57

自己肯定感が低い群

ソロ男		ソロ女	
苦労せずに生きていきたい	0.56	色々な経験をして自分を成長させていきたい	0.58
仕事(職場)を辞めたいと思うことがある	0.55	負けず嫌いだ	0.55
他人は隙があればあなたを利用してくると思っている	0.46	副業や兼業をやりたいと思う(既にやっている含む)	0.53
将来1人になってもやっていける自信がある	0.45	選択的夫婦別姓制度に賛成だ	0.51
他人に迷惑をかけなければ何をしても自由である	0.42	夢や目標の実現に向けて努力したい	0.50
既婚男性		既婚女性	
付き合っている相手を束縛したり、依存してしまう傾向がある	0.54	仕事(職場)を辞めたいと思うことがある	0.67
会社の人と飲みに行くのは気が進まない	0.49	仕事をしなくても給料がもらえるなら働きたくない	0.63
人に対する好き嫌いが激しい	0.48	仕事は生き甲斐だ	-0.55
仕事をしなくても給料がもらえるなら働きたくない	0.46	やっても無駄なことは最初からしない	0.47
他人の失敗で自分に迷惑がかかるのは納得できない	0.45	自分には他の人にはない特技や才能がある	-0.43

2016〜2018年ソロもんラボ調査 全国20-50代男女 N=3000をもとにより 自己肯定感の高低と生活意識の相関を荒川和久が独自に集計・作成。

つまり、男性の場合、恋愛が充実していればいるほど自己肯定感が高く、女性は仕事の充実度が大きく影響している。ソロ男とソロ女はその傾向がさらに強いのだ。これは正直に言って意外な結果だった。むしろ逆だと考えていたからだ。

さらに、自己肯定感を下げている因子も興味深い。ソロ男の場合、「苦労したくない」「仕事をしたくない」という無気力系のものが多い。ソロ女は、「自己成長させたい」「負けず嫌い」「努力したい」と一見前向きなものがあがっているが、これら「がんばらなきゃ」という意識が高ければ高いほど自己肯定感がないということを意味している。ソロ男が「がんばりたくないなあ」と思う人ほど自己肯定感が低いのとは対照的だ。

対照的な欠落感——ソロ男は恋愛、ソロ女は仕事

第1章で触れた「恋愛強者3割の法則」通り、実際に恋人がいるソロ男女は3割程度であり、7割は恋愛をしていない。そうすると、特にソロ男の場合、大部分の7割は、恋愛による自己肯定感を感じられない欠落感を抱えている。アイドルやアニメのキャラ

クターに没入するのは、恋愛による自己肯定の代替行為と言えるのではないだろうか。

対するソロ女の欠落感は、モチベーション高く取り組んでいる仕事に対して、満足な評価や承認が得られないということだ。「頑張っても報われない」という気持ちが、彼女たちをソロ旅や、ソロ動物園・ソロ水族館など動物・魚に癒しを求める方向に向かわせているのかもしれない。

ソロ男女とも表面上は、恋愛軸と仕事軸で欠落感が異なっているように見えるが、突き詰めると本質は一緒で、「恋愛相手に頼られたい」「誰かを全身全霊支えたい」と思うソロ男、「仕事において役に立っていると認められたい」と願うソロ女とも、共通するのは自己の社会的役割の確認である。欲求として言えば、それはまさにマズローの「社会的欲求（帰属欲求）」なのだ。

人間の欲求に関する研究で、もっとも有名なのはアメリカの心理学者マズローの「欲求5段階説」だろう。マズローの欲求ピラミッド図によれば、人間の欲求は、「生理的欲求（食欲・性欲・睡眠欲など）」というもっとも本能的な第一段階のものから順に現れ、その欲求がある程度満たされると、次の欲求が現れるとされる。

図5-10　マズローの欲求ピラミッド

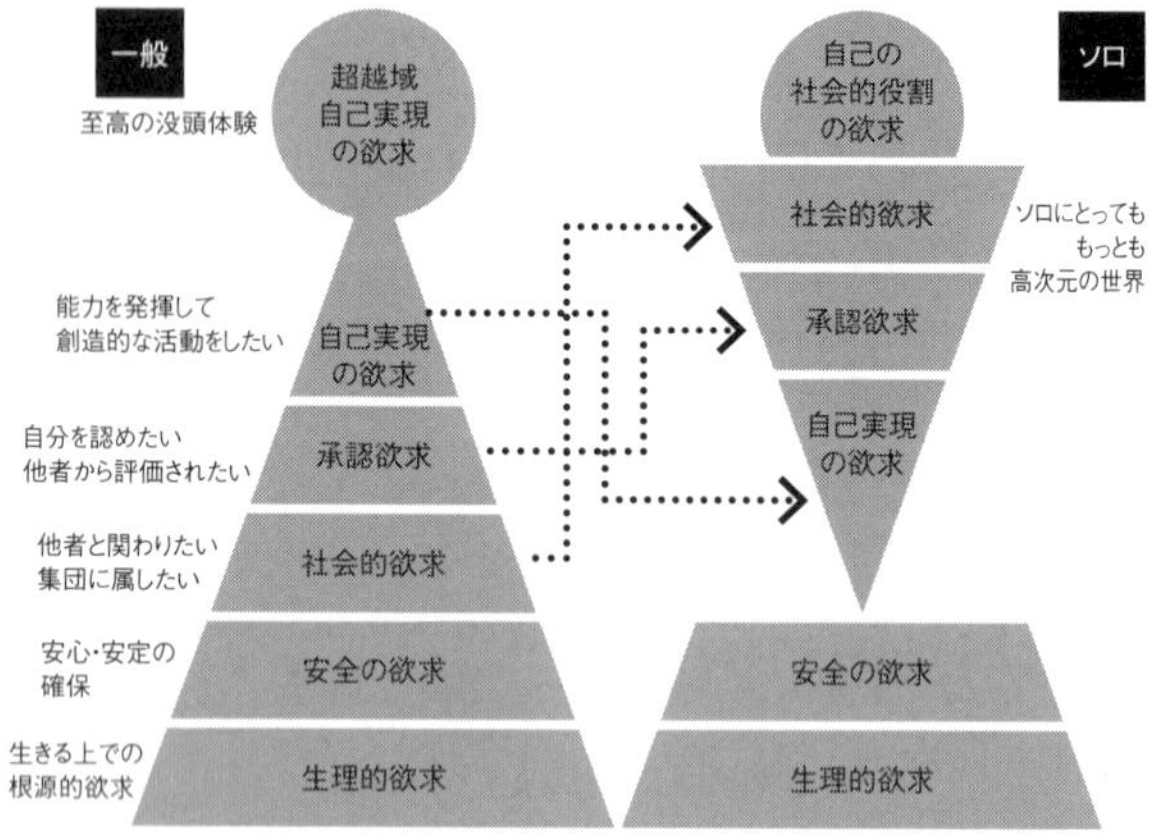

次に現れる第二段階が「安全の欲求」で、身の安全・安定を守りたいというもの。続いて、第三段階は「社会的欲求」で、他者と関わりたい、集団に仲間として所属したいというもの。第四段階である「承認欲求」とは、自分を認めてほしい、他者から評価を得たいというもの。そして、最後の第五段階目が「自己実現の欲求」で、能力を発揮して、何かを成し遂げたいというものだ。さらにもう1段階上に「超越的な自己実現」のステージがあるが、これは「熱中や没頭できるフロー体験のある自己実現者」という定義となっている。つまり、没頭こそが至

高の体験というわけだ。

先に述べた通り、ソロのエモ消費とは、没頭できる興味関心領域において、承認と達成という実感を通じ、自己の社会的役割を確認する行動である。

お気づきだろうか。ソロは、「没頭という自己実現→承認→帰属意識」というピラミッドの上から下へと流れていっている。当然、生理的欲求や安全の欲求は前提にあるが、本来「所属」を前提として「その所属員の中での承認」を経て自己実現に向かうはずが、逆になる。つまり、ソロにとっては、自己実現より所属や愛の欲求が後回しになるのである。後回しというより、彼らにとって所属や愛の方が自己実現より高次に位置しているということだ。

この傾向は、アートや職人、研究者などストイックに突き詰めるタイプの専門的職業の人に多く見られるし、マニアやオタクもまさにそうである。この点は、ソロと家族との欲求の前提の違いとして興味深い。

意志があれば行動するわけじゃない

意識が変われば、思考が変わる
思考が変われば、行動が変わる
行動が変われば、習慣が変わる
習慣が変われば、結果が変わる

誰しもがどこかで聞いたことがあるのではないだろうか。名言と言われている言葉だ。アメリカの心理学者ウィリアム・ジェームズの言葉であるとかヒンズー教の教えであるとか言われている。松井秀喜氏の星陵高校時代の恩師山下監督がベンチに掲げていた言葉でもあったそうだ。

この言葉を否定するつもりはないが、「意識が変われば、行動が変わる」というのは、本当だろうか。これは、「行動するには必ず意識がある」という前提である。私たちは「行動する前に意識、というより意志があるはずだ。意志があってはじめて行動を起こすものだ」と信じているが、果たして本当にそうだろうか。

言い方を変えると「意志さえあれば行動は変えられる」し、「意志がなければ行動は生まれない」ということになる。それは「因果関係の推論」と言われるもので、何かが起きた結果に対して、人間はその原因が必ずどこかにあるはずだ、と考えてしまうという思考の癖だ。

しかし、それは結果から原因を遡っているだけであり、納得したいがために原因を後から理屈付けているだけなのである。よくやりがちなのが、相関と因果の混同だ。相関性が高いからといって必ずしもそこに因果があるとは限らない。にも関わらず、人間は相関があると因果があると思い込みたい。つまり原因追求ではなく、願望なのだ。

実は、「自分の意志でなんでも変えられる」というものになんの根拠もない。「意志があればなんでも変えられる」というなら、アルコールやギャンブルなどさまざまな依存症というものは存在しない。

反対に、意志なき行動はいくらでもある。みなさんは、すべての行動を自分の意志または自分の選択でやっていると思っているだろうか。残念ながらそれは間違いなのである。むしろ人間は……というよりあらゆる生物は、行動の方が先にある。

思考や選択や意志がなければ一切の行動が起こせないのだとしたら、脳のない生物の行動はどう説明つけるのだろう。たとえ脳があったとしても、昆虫や動物の行動が思考や意志に基づいているものとは、誰も証明できていない。高度な脳を持つ人間だけが特別なわけではない。むしろ、人間は、先に思考や意志があってそれに基づいて行動したのだと信じたいだけなのだ。

無論、すべての行動が意志なき行動であるというつもりはない。意志のある行動も当然ある。だからといって、「意志こそすべて。意志なき行動なんてありえない」という決めつけは乱暴だ。

東京大学教授で脳研究者の池谷裕二氏は、その著書『脳には妙なクセがある』（扶桑社新書）の中で、「意志は脳から生まれるものではありません。周囲の環境と身体の状況で決まります」と語っている。つまり、意志とは本人の錯覚にすぎず、実際の私たちの行動の大部分は環境や刺激によって起きるものであり、あるいは本人の習慣によって予め決まっているものなのだ。にもかかわらず、人間は「自分で判断した」と勘違いしているに過ぎないと喝破する。

環境が行動を生み出す

「やる気」というものも存在しない虚構だと、池谷氏は言う。仕事、勉強、家事などのやらないといけないことは、最初は面倒でも、やりはじめると気分が乗ってきて作業がはかどるという場合がよくある。そうした行動の結果を脳は「やる気」が出たから……と解釈しているだけであり、「やる気が出たからやった」のではなく、「やったからやる気が出たと思い込んだ」のだそうだ。つまり、行動が先で、意志はその行動の後追い解釈なのである。

誰かが満面の笑顔でこちらを見ていたら、よほどのへそ曲がりでもない限りこちらも笑顔になると思う。笑顔というのは伝染する。科学雑誌「プロスワン」誌に掲載されたドイツのミュンテ博士の論文によれば、本物の笑顔ではなくても、笑顔に似た表情をつくるだけで、ドーパミン系の神経活動に変化が生じるらしいのだ。ドーパミンとは脳の報酬系、快楽に関係した神経伝達物質である。つまり、私たちの脳は、楽しいから笑顔になるというより、笑顔になったという身体の行動を脳が読み取るから楽しいと感じるという逆因果になっている。同じように、マドリッド自治州大学の心理学者ブリニョール博士の実験でも「姿勢を正すと自信が持てる」という現象が見られている。

2002年にノーベル経済学賞を受賞したアメリカの行動経済学者ダニエル・カーネマンもその著書『ファスト&スロー』(早川書房)の中でこういっている。

「感情的な要素が絡んでくると、思考は、直感的な感情を批判するよりも、擁護に回る傾向が強まる。感情の番人ではなく、保証人になってしまう」

つまり、思考があって行動が生まれるのではなく、行動があって思考が生まれ、思考は行動と矛盾しないようにつじつま合わせをしているに過ぎないのだ。よって「思考が行動を生み、行動が習慣となる」という美しい流れも機能しない。習慣化した行動も、まさに意識なき行動だし、癖もそうだ。

自分の行動は、すべて明確に自分の意志に基づいていると自負するタイプに限って、無意識の習慣や癖を他者から指摘されると不快になる。それは、自分の脳に行動が理屈付け、つじつまを合わせられていないからだ。

「感情→思考→行動」ではなく「感情→行動→思考」なのである。より厳密に言えば「環境・感情→行動→思考」と言える。感情が行動の発端になると思いがちだが、無から感情は生まれない。なんらかの外的刺激などの環境要因があってこそ、その反射としてはじめて感情が芽生える。また、感情が湧き起こっても、物理的・肉体的な環境が不備であれば行動に至らないまま終わってしまうこともある。それくらい環境の力は大きい。

社会心理学者のジョナサン・ハイトは、それを「象と象使い」のモチーフで説明している。感情や直観が大きくて強い「象」だとすれば、思考や理性はその上に乗った、小さく弱い「象使い」のようなもの。象使いにもある程度コントロール力はあるが、象が本当にしたいと思えば、象使いの指示など意味を持たなくなる。同時に、象の行動は環境に影響される。あまりに暑かったり、寒かったり、そういう環境の変化によっても、象は象使いの指示などお構いなしに行動してしまうだろう。

ハイトは言う。「本当は、象が手綱を取り、象使いを誘導している。決めているのは

図5-11　象と象使いと環境

象なのだ」と。かといって、象使いはただのお飾りではない。象よりも深く正しく環境を認識することができる。つまり、理屈は感情の助言者でもある。

そして、もっとも大事な象使いの役割とは、他の象使いと言語によるコミュニケーションがとれることである。象使いの意図に反する象の行動があった時には、象使いは他の象使いとの間に立つ弁護士となって、その行動を理屈付けするのだ。そうしたコミュニケーションが、巡り巡って環境条件を変えることにもなり、大きな意味で象を動かす力にもなる。

つまり、力の弱い象使いが象を支配し、

動かしてやろうと考えるのは土台無理な話で、象を動かしたいなら、象使い同士が協力して環境を変えればいいということになる。意志の強さでは自分を変えられない。環境が変われば、自動的に自分も変わるのだ。

ペットボトル飲料の実験で見えた無意識

人間の行動の大半は、環境や習慣によって無意識に行われている。無意識でやった行動にもかかわらず、行動自体を脳が認識したことで、脳は後付けされた意識が先に決めたと思い込む。こうした現象は、通常のアンケートやヒアリング調査ではなかなか見えてこない。

そこで、こんな実験をしてみた。まず、1日当たりどれくらいの本数のペットボトル飲料を買うかについての調査を行った。対象は、任意に抽出した30～40代のソロ男10名である。予算の関係で、標本数が少なくなってしまったが、非常に興味のある結果が得られた。最初はヒアリング調査を行い、意識下の購入行動を確認した。結果、平均3～

4本飲むという回答だった。続いて、彼らに、3日間だけすべての飲料の買い物について記録を取ってもらった。店での購入はレシートを、自販機での購入は買ったモノの写真を記録して送ってもらうことにした。

結果、1日4本程度しか買わないと言っていた彼らの実質購入本数の平均は、倍近い7本であった。つまり、買ったうちの半分くらいしか覚えていないのである。最高では1日12本も購入していた人もいた。実に、自分の記憶の3倍も買っているにもかかわらず、覚えていないのだ。覚えていないというより、ペット飲料の購入が、いかに無意識に行われていたかということである。

この12本購入の猛者は、すべて500mlで購入している、1本150円として1800円だ。これをもし毎日繰り返しているとしたら月5万4000円。年にして約65万円も買っていることになる。しかも買ったのはすべて緑茶である。もちろん調査時期が7月という夏の暑い時期であることも影響しているため、一概にこの3日間の実績を年間の数字に当てはめることはできないが、それにしても意識なき購入がこれほどあるというのは驚きである。

好きだから買うわけではない

もっと興味深いのは、最初のヒアリングで、彼は好きな緑茶飲料として、Aというブランドをあげていた。好きな理由も明確に話し、「それ以外の緑茶は買わないですね」とまで宣言していた。

実際はどうだったか。彼は12本のうちコンビニで3本、残り9本を自販機で購入していた。たしかに、コンビニで購入しているのはすべてAという緑茶だった。ところが、残りの自販機で購入した9本のうち8本は、Aのライバル商品であるBの緑茶だった。つまり、彼は「自分はAというブランドのファンである」と認識しているにも関わらず、実際には「Bというブランドのヘビーユーザー」だったのだ。

これは、彼の勤め先に置いてある自販機がBの会社のものしかなかったことに起因しており、就業中に買っているものはすべてBだった。本人は、たしかに1日4本、Aの緑茶を飲んでいるという事実は覚えているし、それは合っている。しかし、それより多くの量の別の商品を買っているという事実をまったく覚えていないのだ。

この事実を知った本人には、ふたつの反応があった。ひとつは、「買いすぎである」ということ。もうひとつは「Bをそんなに飲んでいたとは知らなかった」ということ。この事実をふまえ、彼に今後どうするかを聞いたところ「買うペット飲料の本数を減らします」ということだった。具体的には「出勤前にコンビニで2リットルペットのAを購入し、自販機は使用しない」ことで、全体の出費を削減するとともに、Bを買うという行為をやめるということだった。その理由は「これほど緑茶にお金をかけるくらいだったら趣味の方に回せますから。もったいない」である。

分析してみると、彼にとって緑茶は「のどの渇きをいやす」機能的価値としてのモノ消費であり、本人が認識している価値は1日4本程度だった。にもかかわらず、それ以上の出費をしていたという事実は、彼の中で「認知不協和」を起こす。つまり、今後は、自分の定めた価値通りの本数しか買わないという「行動を意識に合わせる行動」をするようになる。

人間は、無意識だった行動を他人から指摘されても、本人としては認めたくないものだ。しかし、エビデンス付きで白日の下にさらされるとごまかしようがない。そのため、

「行動しないという禁止意志」が強く働くようになる。少なくとも今後彼がこれほどまでのペットボトル飲料消費やBという商品を買う行動は減るだろう。

これは、よく考えると、AにとってもBにとってもマイナスだ。Aにとっては、単価の安い大型ペットボトルに移行されるということであり、Bにとっては無意識の上顧客を失うということになる。

家計簿を付けるソロ男が増えてきたという話はすでに触れたが、消費データを本人が認識すればするほど、実は売上が下がるという事態もあり得るのだ。それくらい実は、ソロ男の消費は「無意識行動」によって支えられていた。ソロ男のエンゲル係数が異常に高いのはそのあたりに原因がある。

この事例は、2章で触れた「アイドルオタクは、アイドル消費以上に、ホテルや交通機関の上顧客だった」という事実とも符合する。とかくマーケティングにおいては、自社商品の購買行動だけに注目しすぎて、それに付随する周辺消費のことをすっかり忘れてしまいがちだ。自ブランドの純粋想起させれば購入意向が高まるというのは間違いではないが、それ以上に消費金額の多寡は、それを買う時の環境に支配されている。

環境に支配された消費においては、本人は無意識もしくは勘違いをしている。Aを買ったつもりで実際はBを買っているし、アイドルに投資したつもりでホテルにたくさん支払っているのだ。「本人も気づいていない環境に支配された無意識買い」がソロの消費の大部分を占めている。

認知されているから、好きだから、ファンだから、買ってくれるわけではないのだ。

嫌いなモノほどロジカルに説明できる

感情というものも、意志というより反射に近いものであるが、唯一「嫌い」という感情は意志や理屈によって作られる。「なんでこれが（あの人が）嫌いなの？」という質問に対して、人は能弁になれる。なぜなら、それは「好きにならない」ための正当な理屈付けが自分の中に必要だからである。

逆に、「なんでこれが好きなの？　あの人を好きになったの？」と聞かれると、大抵の人はこう思う。「なんでだろう？」と。たとえ表面上の理由を述べられても、実は自分自身納得いかないままのことが多いのではないかと思う。好きという感情や心地良いという感情は、まさに「エモい」そのものであり、ロジカルなものではないからだ。

そのため、人は、自分が好きと思うことや共感したと思うことを、うまく言語化してくれたり、「あなたの考えはこうだよね」とまとめてくれる人がいると、その人を瞬間的に信用してしまう。「そうそう、私の言いたかったことはそれなの！」という感情は、その瞬間一切の論理的思考を取っ払ってしまう力がある。カルト宗教の教祖とか、一流の詐欺師がよく使う手だ。

余談になるが、そういう教祖や詐欺師ほど「意志があればなんでも変えられる」という言葉を使いがちである。それこそ、彼らは、意志によって行動が起きないことを熟知していて、本当はこちらが用意したお膳立てに従って行動しているだけなのを、さも本人が選択したかのように錯誤させている。最終的には、「本人が選んだ道だから」と逃げ道を封鎖できる。

人は、不快なモノ・嫌いなモノに対しては、最終的に冷徹なくらいロジカルになれるが、それは最初から客観的な論理思考ではない。言ってみれば、猪突猛進ロジカルなのである。そもそも「不快だ」「嫌だ」という感情が出発点である以上、そのロジカルは無意識にバイアスがかかって、嫌いであることの正当化に向かう。最初から結論は決まっている。そうしないと、自分自身の脳を安心させられないからである。

一旦ロジカルに嫌いと判断されたら挽回はかなり困難になる。人は自分の安心を捨てるリスクを負ってまで、感情を変えることはしないものだ。だからこそ、大事なのは「好かれることより嫌われないこと」の方なのだ。味方にしなくていい、敵にさえしなければいいのだ。SNS上での炎上騒ぎの大半は、わざわざ敵を作っているからこそ起きている。

ソロのこうした欲求と行動及びその心理を含めたプロファイリングを前提に、ソロエコノミーにおいて、どう彼らを動かしていくのかのポイントについて、次章で紹介したい。

第6章　ソロの動かし方

選択肢のワナ

品揃えが豊富で、たくさん種類があると、自由に選べて楽しそうだが、選択肢が多すぎると人は決断することができなくなる。多すぎると選択を放棄してしまうのだ。コロンビア大学の教授シーナ・アイエンガー氏による「ジャムの法則」が有名だ。24種類と6種類のジャムでは、6種類の方が購買率が高かったという話である。

少ない選択肢を提示されたことで行動が喚起されるということもある。人間は不思議なもので、特に興味がなかったとしても、あえて二者択一の選択肢を提示されると「どちらかを選ばないといけない」と自己暗示をかけてしまう。そもそも選ぶ必要もなかったのに、それが見えなくなってしまうのだ。選択肢を提示する側はそれをわかって、どっちかを選ばせるための誘導として、選択肢を提示するのである。これは普段生活していれば誰もがよく経験する。

たとえば、「レストランのメニューのうち、特定のメニューにだけ〝おススメ〟を表示しておく」などだ。ついついそれに誘導されて選択した人も多いと思う。こうした選択構造の提示を「ナッジ」という。

ナッジとは、シカゴ大学の行動経済学者リチャード・セイラー氏（2017年にノーベル経済学賞を受賞）とハーバード大学の法学者のキャス・サンスティーン氏が提唱した。「ひじで軽く突っつく」という意味で、人が何かを選択する際、よりよい選択につながるよう選択構造を提示する手法である。もっとも有名なナッジは「ハエの絵」だ。トイレの男性用小便器にハエの絵を描くと、みんなそこを目がけるようになり、清掃コストが削減されたという。

そもそも、ナッジとは、不完全な選択行動に陥らないように生み出されたものである。つまり、普通にしていたら、人は合理的で正しい選択ができないということだ。これこそ、自分の意志とは関係なく、提示された選択構造に誘導されるまま人は行動しているという証明でもある。

ソロ男女は、売り手の「売らんかな」の魂胆を極端に嫌う。そんなものに簡単に乗せられてたまるか、と思っている。しかし、そんな意志とは裏腹に、気が付いたら「限定商品」を買っているし、「今だけ」という言葉に反応してしまっている。

元々、ソロは男女とも7割が受動的行動をとる。自ら動くより、何かに対して受け身で反応することの方が快適だからだ。よって、選択肢の提示は助かる。そして、それは決して誘導されたのではなく、自らの意志で選択したのだと必ず脳に言い聞かせる。そうした後付けの理屈によって、「自己選択した」という記憶だけが強烈に残る。

「行動しないという行動」のための理論武装

「なぜ好きなの？」より「なぜ嫌いなの？」の方が、人はロジカルに説明できるのと同様に、「なぜ行動したの？」より「なぜ行動しなかったの？」という理由の方が簡単に言える。

行動しないことというのは無行動ではなく、「行動しないという行動」をしたということである。やろうとしていたのに途中でやめてしまうというケースも多いが、それもまた、「中止をするという行動」だ。そして、そこに必要なのが、「行動しない行動」を正当化するための理屈付けである。

ソロには結婚意欲がないという話はすでにしたが、それは「結婚したくない」という意思によるものというより、結婚に至るステップ行動、つまり恋愛を自分がしていない言い訳であることが多い。前章で書いたように、ソロ男の自己肯定感の低さは恋愛をしていないことに起因する。本心では恋愛をしたいのに、できない自分自身をそのまま受け止めてしまうと自己肯定できなくなる。よって、「恋愛ができない」のではなく「そもそも結婚するつもりがないから恋愛しなくてよいのだ」と理屈付けをするのだ。

人は行動しない理由を言語化できると安心する。しかし、安心したとはいえ、そもそも「恋愛していないことで生じる心の欠落感」を埋めたわけではないので、その無意識の穴埋め行動として、アイドルやアニメに没入してしまうのだ。「行動しない行動」は彼らの自己肯定感と密接に関係しているため、一度堅固な理屈付けが完了してしまうと取っ払うのは困難になる。

彼らの「行動しない行動」を発生させている要因、それが「リスク回避欲求」である。本来、ソロは既婚に比べて、満足しない現状を変革したい気持ちが強いのだが、だからといってリスクを考えないわけではない。

カーネマンが提唱した有名な「プロスペクト理論」というものがある。ギャンブルなど、リスクがある環境下における、人間の意思決定回路を分析した理論である。まず、以下の質問に答えてみてほしい。

あなたの目の前に、以下の二つの選択肢が提示されました。
選択肢A：100万円が無条件で手に入る。
選択肢B：コイントスして表が出たら200万円もらえるが、裏なら1円ももらえない。
さて、どちらを選びますか？

どちらの選択肢も手に入る金額の期待値は100万円である。にもかかわらず、一般的には、堅実性の高い「選択肢A」を選ぶ人の方が圧倒的に多い。50％の確率で200万円が手に入る利益より、50％の確率で1円も得られないというリスク回避の方が上回るからだ。これは何もお金だけの話ではない。仕事においても、成功の確率と失敗の確率が同じならば、失敗しない方を優先するだろう。

このように、一般的に人間は「成功より失敗回避を優先したがる」ものなので、ここには、ソロも既婚も違いはないし、男女差もない。ところが、この設問を金銭的なものではなく、恋愛相手や結婚相手に変えると両者の違いが現れる。

たとえば、独身女性が相手の年収条件にこだわっても、そもそも絶対数からしてマッチングされないことは明白であることは第1章で説明した。だが、それでも「私だけは大丈夫」という根拠のない自信で、高年収条件をはずせない独身女性がいる。同様に、自分の年齢が40歳を過ぎても、「なんとかなる」と、20代の若い女性を狙い続ける独身男性もいる。両者とも、確率論で言えば50％どころか1％しかないにもかかわらず、選択肢Bを選び続けるようなものだ。

これは、決してリスクを察知できなくなってしまったわけではない。お金の時と同様、下手をすれば「後悔する」というリスクは承知の上で、それでも選択肢Bを選んでしまうのだ。確実な報酬よりも、リスクを乗り越えた先の大きな喜びへの誘惑が勝ってしまう。お金の話なら、冷静に合理的にリスク回避できるのに、恋愛や結婚の話になるとなぜか無謀な選択をしてしまうのがソロの特徴なのだ。逆に言えば、恋愛や結婚において、冷静で合理的な選択をしたからこそ、既婚者は結婚できたとも言える。

恋愛や結婚を趣味に置き換えるとわかりやすい。自分の没頭する興味関心事には、どれだけお金や時間をさいても無駄とは思わない。それどころか、お金や時間を使えば使うほどアドレナリンが分泌されて、興奮状態になるだろう。

合理的な判断より、刹那の快楽が勝るということである。ソロが「感情より理屈で動くと口では言いながら、その実、理屈を度外視した感情で動いている」という自己矛盾行動がここにも見てとれる。

行動しない行動のための理屈付けとして、本人の物理的・身体的能力が使われる場合がある。男が良く使う「仕事が忙しいからデートに行けない」というものだ。これは仕事が忙しいのではなく、相手に会う気持ちがないということを示している。会いたいのなら仕事を調整してでも会いに行く。「金がないから買えない」というのも一見もっともらしいが、これも先ほどのと同様で、行動しないための理屈付けである。

とかく人を行動させるためには、認知させ、興味を喚起し、欲求をくすぐれば動くはずだとずっと信じられてきた。いわゆる伝統的なＡＩＤＭＡ理論である。

ＡＩＤＭＡについては、今更説明する必要もないとは思うが、簡単に言うと、Attention（注意）→Interest（関心）→Desire（欲求）→Memory（記憶）→Action（行動）という流れで動く消費者の心理的行動プロセスモデルのことを言う。このようなカスタマージャーニーといわれる消費者行動プロセスには、ＡＩＤＭＡの他に、デレク・ラッカーが提唱した「４Ａ」（認知（Aware）→態度（Atitude）→行動（Act）→再行動（Act Again））や、コトラーの提唱する「５Ａ」（認知（Aware）→訴求（Appeal）→調査（Ask）→行動（Act）→奨励（Advocate））などがある。

これらの理論について詳しく説明することは割愛するが、残念ながら、ソロの行動はこうした美しい直線形にはならない。また、すべてポジティブな感情かつ能動的な態度で行動をすることもない。

こうした理論的なプロセスのすべてを一瞬で打ち砕いてしまうのが感情なのであり、その最たるものが「面倒くさい病」なのだ。

世の中は「面倒くさい」であふれている

ツイッターなどを見ていると、「面倒くさい」という言葉がかなり多くつぶやかれている。言葉の使い方としては「〇〇（人物）が面倒くさい」というのもあるが、そのほとんどが「仕事するのが面倒くさい」「処理するのが面倒くさい」「出かけるのが面倒くさい」というような行動に対する使い方だ。しまいには「起きるのが面倒くさい」というものまである。ツイートしている時点で、十分起きていると思うのだが……。

身も蓋もない言い方だが、そもそも「生きるとは面倒くさい」ものである。生きるためにはいろいろな面倒を引き受けることが必要なのであり、子どもの頃の勉強も部活も、就職も上司との付き合いも、すべては「面倒くさい」もので満ち溢れている。結婚とか子育てに関しても、精神的充足感を度外視して、物理的な行動だけ見たら「面倒くさい」と思えることは山ほどある。それを放置していたらとても結婚も家族生活も維持できない。

かつて、地域や職場など外部の所属コミュニティとの関係性を保つことは、生きていく上で不可欠なものだったので、地域の集まりや毎日の通勤は「面倒くさい」と思いつつ、行動せざるを得なかった。

ところが、ソロの場合はそうした「しがらみ」はない。誰かの監視もなければ、誰かに迷惑をかけることもない。面倒を回避しても生きていけるのであれば、行動しない理屈付けはより強固に正当化されていく。

ところが、だからといって何も行動しない方向にいくわけでないところがまた面倒くさい。食事に関して、すべてが部屋の中で完結できたとしたら、「面倒くさいから外出しなくなる」かというとそうではない。むしろ、そうなってしまうのは、母親と住んでいる親元未婚や、一人暮らしでも配偶者と離別死別した高齢独身男性の方である。それはそれで深刻な問題なのであるが、それはもはや「面倒くさい病」を超えて、セルフネグレクトの状態に入っている場合が多く、別の次元の話となる。

セルフネグレクトとは、必要な食事など通常の生活に欠かせない行為をする意欲・能力を喪失し、自己の健康・安全を損なうことを指す。病気になっても医療を拒否し、不衛生な環境で生活を続け、結果、孤独死となることも多い。

よく、未婚者に対して「孤独死するぞ」と警告する既婚者がいるが、実際に孤独死の危険のある一人暮らしのセルフネグレクト高齢者のうち、婚歴のない独身は3割で、残りの7割は、離別や死別した元既婚者や家族と暮らしていた人たちである（平成22年内閣府「セルフネグレクト状態にある高齢者に関する調査」より）。むしろソロより既婚者の方が孤独死の危険度が高いという事実もお伝えしておく。

「面倒くさい」を価値化する

ソロの場合、「面倒くさい」と言って「特に必要じゃないから買わない」とか「雨だから外出しない」という理屈付けはいろいろしながらも、外部との関係性を遮断するところまではいかない。なぜなら、彼らにとって、金と時間の消費行動こそが幸せを得ることだからだ。

自分の好きなモノを買う場合や自分の興味のあることに参加する場合、たとえ雨が降ろうが雪が降ろうが、面倒くさいとは思わない。これもまた、ソロの自己矛盾行動のひとつでもあるのだが、同じ行動、たとえば買い物だとしても「面倒くさいセンサー」が作動する場合と、むしろ「面倒くさいことをあえてしたがるセンサー」が作動する場合がある。その分岐は「面倒くさいに価値があるかどうか」なのだ。

たとえば、特にソロ男の場合、家で自炊どころかお湯を沸かすのさえ、面倒くさいと思う。洗わないといけないので、皿に盛りつけはしないし、フライパンを使うことすら躊躇する。そもそもキッチンの流しが必要なかったりする。お湯を沸かすのでさえ電子レンジで済ませるのだ。

ところが、そんな面倒くさがりが、コーヒーだけは豆から挽いてドリップして飲んだりする。電子レンジだけで玉子焼きを作って食べたりする（陶器の平皿を用意し、ときに卵を薄く敷いて、加熱してはまた付け足すという工程を繰り返すと、フライパンなしで出し巻き卵ができ上がる）。コーヒーや玉子焼き作りというのは、面倒くさいその工程そのものに価値があるから「面倒くさい」と感じないのである。むしろ面倒くさければくさいほどその期待価値は上がる。

つまり、行動が「面倒くさい」と思われてしまうのであれば、その「面倒くさい」を最終的に得られる達成感という報酬のための助走にうまく変換してあげればいいのだ。簡単に手に入るものより、苦労して獲得したものに愛着を覚えるのと一緒の心理である。

従来、こうした「面倒くさい」は、マーケティングにおいては「フリクション」や「バリア」と呼ばれる行動障壁であり、解決・払拭すべき課題であったが、逆にその障壁を「クリアすると楽しいミッション」へと変換する視点が大切だ。そうすれば、「面倒くさい」そのものが価値に変わる。

無敵のオカン理論を使え

独身の一人暮らしと聞くと、「部屋が汚い」というイメージを持つ人が多い。

これは半分正解で半分間違いだ。実は、ソロ男もソロ女も共通しているのだが、キレイ好きとズボラの両極端に分かれる。潔癖症なほど徹底的にやるか、ごみ溜めのような状態に陥るかのどっちかに偏り、ちょうどいいがないのだ。

特に、後者の場合、「部屋をキレイにしたい」という動機は生まれないばかりか、自分がやらない正当化のために「汚い方が落ち着く」という理論を展開してしまう。そうなってからでは遅い。そうした理屈付けをされた後に、どれだけ機能性洗剤の話をしても聞く耳は持ってくれない。そうした情報すら「透明な存在」にされてしまう。

そうした時に有効なのが、「オカン理論」である。

オカン理論とは、まさしく母親のような「余計なおせっかい」である。本人の意向などお構いなしに、勝手に掃除してしまう。最初は「勝手に掃除するなよ」と怒っても、キレイな部屋が不快なわけはない。

自分で掃除しなさいと何百回言われようと、「面倒くさい病」がむくむく発生してきたら行動することはない。それと同様に、掃除しないソロに掃除用品を売りつけようとしても無駄なのだ。「掃除用品を買ったら自分で掃除しなければいけない」と理屈付けするためだ。そこは、発想の転換をする必要がある。極論すれば、「掃除しなくてもいつもピカピカの部屋の気持ちよさ」を売るという発想に変える。

たとえば、賃貸住居業者と組んで、料金の中に予め掃除用品代と家事代行サービスが組み込まれているサービスを打ち出す。もちろん、不要なら拒否してもいいが、最初の

1か月はお試し無料期間ということで、問答無用で付けてしまう。まさに「余計なおせっかい」である。

たぶん、それを聞いた瞬間、へそ曲がりのソロ男なら「くだらない。こんなサービスいらないよ」と毒づくだろう。しかし、ピカピカになった部屋を見て気分が悪いわけがない。その状態がある程度の期間維持されるとそれが当たり前になる。今までさんざん「汚い部屋に住んでいるのはそれが落ち着くからだ」と主張していたことなどすっかり忘れて、継続利用すると予測できる。

こうした行動は、すでにソロ男はよくやっている。課金制のゲームがまさにそうだ。無料でプレイできる範囲だけで楽しもうと考えて、課金はしないと心に決めていたとしても、一度ボーナスプレゼントなどで課金アイテムを無料で入手できたとする。当然課金のアイテムの力は大きい。一度その力を知ってしまうともう後には戻れなくなり、遂には課金を始めてしまう。

面倒くさいという気持ちの根元にあるのは、自分が決断しなければいけない環境そのものだ。決めるという行動が面倒なのだ。このオカン理論のように、本人の意志はどうであれ、勝手にズカズカと入り込んでやってしまう。そういうお膳立てがなければ、元来受け身のソロはそもそも行動しないと思った方がいい。

選択することすら面倒くさい

他にも、たとえば、いちいち買うのは面倒くさいが、日常生活に必要な品というものは数多い。トイレットペーパーや洗剤、歯ブラシや歯磨き粉、タオル類や寝具カバーなど。衣類ではパンツなどの下着や靴下などもそうだ。買い替えるのが面倒だからと何年も同じ歯ブラシを使っているケースも非常に多い。であるならば、適正使用期限がきたら勝手に宅配してしまえばよいのだ。要するに、富山の薬売り方式である。

使った分だけ後で支払うというシステムを導入した方が、回転率は格段にあがるし、結果彼らの生活環境もよくなる。場合によれば、年間会員形式にして使い放題でもいい。つまり、このオカン理論とは、ＳａａＳ＋サブスクリプションによるビジネスモデルと同じである。

ＳａａＳとは「Software as a Service」の略で、必要な機能を必要な分だけサービスとして利用できるようにした提供形態を指す。主にアプリソフトで活用される。

わかりやすい例は、アドビの商品だろう。フォトショップやイラストレーターというデザイナー向けのソフトウェアは、昔はパッケージで売られていたが、ここ数年間で、これらのすべてのソフトウェアをクラウド型のＳａａＳビジネスに転換させることに成功している。

サブスクリプションモデルとは、サービスの利用期間に対して支払いをするビジネスモデルのことで、利用した分のみ支払いが発生する方式である。最近では「定額制使い放題」を含めることも多いようだ。

ＳａａＳとサブスクリプションモデルは非常に相性がよく、多くのＳａａＳはサブスクリプションモデルを採用している。利用者側にとってもメリットが大きいからこそ継続利用が見込め、現在主流となっている。

とにかく、「こだわりのない」商品を自らの意志で選択させようとするから無理がある。選択すら面倒くさいのだ。であれば、そうしたお膳立ての仕組みを用意して、なんでもやってくれるオカン理論を試してはどうだろうか。一度始めてしまえば、面倒くさいがゆえに途中解約もせずに、ずっと使い続けるだろう。これもまた「面倒くさい病」を逆手にとった戦略になるのである。

オカン理論というある意味ダサいネーミングは、ソロ男の欠落感が埋められるような人の温もりがあった方がいいからだ。また、田舎の両親向けの訴求にも使える。親が都会で暮らす子どものために、定期的に宅配便を送ることはよくあるが、あれを代行してくれるサービスならば、親の需要も喚起できるのではないか。

なぜ男は自撮りしないのか?

女性と男性のインスタグラムを比較すると、おもしろい違いが見える。

女性のインスタには、どこに行ったとしても、何を食べたとしても、必ず自分が写っているものが多い。それは、顔とは限らず、手や足だけの場合もあるが、どこかに必ず自分をフレームの中に写しこむ傾向がある。

一方、男性のインスタには、ラーメン二郎のメガ盛り写真のような自分が食べた物や、神社や城郭、廃墟など自分が行った場所、車やバイクなど自分の趣味や愛用品の写真が多いが、一切自分の姿が入っていない。笑顔でピースサインしている写真はほぼなく、もっと言えば、人を写した写真も少ないのが特徴だ。

これは、女性は「写真の中にいる自分」を承認してほしいのに対し、男性は、「自分の行動」を認めてほしいからだ。つまり、女性が承認してほしいのは自分そのものであり、男性が承認してほしいのは自分の成し遂げた仕事であるということである。

こうした違いも影響してか、そうした達成感を求める男性の多くは自撮りというものをほとんどしない。これはある意味、自分に対する自己肯定感の低さも表している。彼らの多くは写真に写った自分の顔に違和感を覚え、あまり好きではない。むしろ嫌いな方が多い。

なぜ、写真の顔に違和感を覚えるのだろう。男だとしても毎日自分の顔は、歯磨きや髭剃り時に鏡で確認する。しかし、鏡に映った自分の顔は左右反対だ。人間の顔は左右対称ではないため、写真の顔とは微妙に違う。見慣れた鏡の顔とは、左右反転しているため違和感を生じるのだ。逆に言えば、見慣れた鏡の自分の顔に好意を感じてしまう。これがザイオンス効果と言われるものである。

ザイオンス効果とは、1968年に、アメリカの心理学者ロバート・ザイオンスの論文で発表された心理現象のことである。日本語では「単純接触効果」と呼ばれる。同じ人や物に接する回数が増えるほど、その対象に対して好印象を持つようになる効果のことである。これは、音楽にも当てはまる。「音楽は聞かせれば聞かせるほど好きになる」と言われる。だから、かつて音楽CD全盛期は、新曲のプロモーションとしてCMのタイアップが盛んだったのだ。接触機会が増えれば、無意識に好きになってしまうからだ。

つまり、自己肯定感をあげたいのなら、毎日自撮りをして自分の顔を見慣れることだ。自己肯定感が低い人たちは、男女問わず、騙されたと思って是非トライしてほしい。90日間もやれば、いつしか自分の顔に嫌悪感を持つどころか、こう思うようになる。

「自分、なかなかイケてる！」と。

信じられないと思うかもしれないが、人間の心理とはそういうものだ。

そして、同時に90日前の写真と見比べてほしい。主観的に自分の顔を見慣れたということ以上に、客観的に見ても自分の顔が変わっていることに気付くだろう。それは造作が変わったというのではなく、表情や目の輝きや口元が微笑みになっているということだ。モデルや芸能人の方でも、デビュー前と活躍後との顔を見比べると明らかに変わっていることがわかる。他人に見られているという意識もさりながら、実は一番自分の顔を見ているのはほかならぬ自分自身なのである。自分が自分を認めてあげる。それができた時点で、自己肯定感は上がっているのだ。

どうだろう、自撮りしたくなっただろうか。少なくとも「自撮りしなさい」と言われるよりは「やってもいいかな」という感情が湧いたのではないだろうか。これが理屈付けによる感情喚起なのである。感情とは反射だけではなく、ロジカルによって発生してしまうのだ。

ついでに、もうひとつ自己肯定感をあげる方法を書いておこう。それは、犬や猫などに対して「よくできたね〜」「お利口さんだね〜」と毎日のように褒めるということだ。脳生理学者の有田秀穂氏は、著書『「脳の疲れ」がとれる生活術　癒しホルモン「オキシトシン」の秘密』（ＰＨＰ文庫）の中で、褒めるという行為によって、脳内にオキシトシンが分泌されると述べている。従来、オキシトシンは、出産や育児に伴う女性だけのものと考えられていたが、今では男性も年齢に関係なく分泌されるとわかっている。別名「幸せホルモン」とも呼ばれるオキシトシンの効果は、「心が癒され、ストレスが軽減される」「不安や恐怖心が減少する」「幸せな気分になる」と良いことづくめだ。

オキシトシンは、家族や夫婦関係、他者とのスキンシップや信頼関係に大変深く関係するホルモンであり、だからこそ家族の幸福度は独身より高いのだと納得させられる。

しかし、ソロだとしても、恋人がいなくても、犬や猫とのスキンシップでも代用可能だし、前述した通り、褒めるという行動が大事なのだ。誰かを褒める言葉を自分の耳で聞くことで、脳は自分が褒められていると勘違いしてくれる。毎日ペットを褒めると、自分自身が褒められているのと同等の効果を得られる。大事なのは、他者に褒められることではなく、他者であれ自分であれ、褒められていると脳が錯覚することなのだ。

とはいえ、一人暮らしだとペットを飼うこともままならない場合も多い。期待されるのは、ＡＩ技術などを活用した会話型ロボットなどの普及である。

価値は文脈が創り出す

左上の英文字を読んでもらいたい。なんと読めるだろうか?

直感的にTHE CAT（ザ・キャット）と読める。しかし、よく見てみると、「H」と「A」は同じ形をしていることがわかるだろう。つまり、前後の文字によって真ん中の文字の認識が変わるということだ。

もうひとつ有名な例をその下に提示しよう。これはなんと読めるだろうか。

たぶん、大多数の人が「B」と読んだことだろう。それは、この前に「THE CAT」という英文字を見たからだ。しかし、もう一度よく見てほしい。英文字ではなく、数字だと思って見てほしい。すると、「13」に見えるのではないだろうか。

図6-1　何と読める?

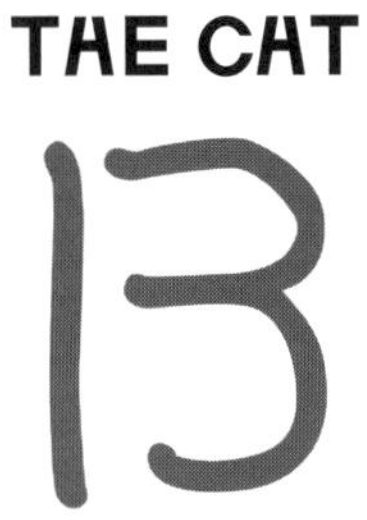

これが、「文脈効果」と呼ばれるものだ。文脈効果とは、知覚・言語・認知・記憶に関する概念で、人間は前後の刺激や環境によって対象の意味合いを変化させてしまう心理現象である。1955年にアメリカの認知心理学者であるジェローム・シーモア・ブルーナー氏が発表している。

文脈効果は私たちの日常にあふれており、文脈効果を活用したマーケティングにも日々接触している。私たちは、環境や見せ方を変えられただけで、その商品やサービスの価値を通常よりも良く感じさせたり、高価に感じたりしてしまうものだ。

たとえば、原価50円のジュースを紙コップに入れて出されたら、100円の値段でも高いと感じるかもしれないが、同じジュースを高級フレンチレストランの中で、しかも、高級なグラスに注がれて出されたとしたらどうだろう。「おいしい！」と感激し、値段1000円でも安いと満足してしまうだろう。これは個人の味覚能力の問題ではなく、文脈次第で味覚すら錯覚してしまうものだからだ。家でひとりさびしく食べるレトルトのカレーと同じ物を、大勢でキャンプに行った時に食べると、後者の方がおいしく感じてしまうのと同じだ。

こうした文脈効果は、広告のキャッチコピーでもしばしば使われている。「英国紳士が愛したスーツ」と言われると、伝統や格式のある商品だと感じてしまうし、「糖質99%カットのビール」と言われると、元の基準値は知らなくてもなんとなく健康によさそうだな、と思ってしまう。味や機能などの微妙な違いがわかる消費者はそうそういない。それより、前後の環境文脈を変えただけで、消費者はそれを数倍もよく感じてしまう。逆もまたしかりだ。人間とはそういう文脈の中で生きているし、文脈こそが価値を創るからだ。

そうした文脈に敏感なのは、実はソロ男の方である。おもしろい比較調査があるが、「ここぞという記念日に大切な人とディナーに行くとしたらどこに行くか？」という設問に対して、既婚男性は「フレンチ」「イタリアン」「寿司屋」「焼肉屋」など食べるメニューをあげる。対して、ソロ男は「夜景のきれいなレストラン」「水槽のあるレストラン」「マジックショーをしてくれる店」というように、食べる内容よりも店の環境がどういうものかにこだわる。既婚男性が有名なブランド品を信用するのに対して、ソロ男は無名ブランドでも「職人の手作り」などのようなそこに至るバックストーリーに反応しやすい。みんなが知る客観的事実よりも主観的感情を優先する傾向があるのだ。

アニメファンが行う「聖地巡礼」もそのひとつだろう。聖地巡礼とは、アニメに登場した舞台や風景を訪れることである。たとえば、「あの日見た花の名前を僕達はまだ知らない。」の埼玉県秩父市の旧秩父橋、「ガールズ&パンツァー」の茨城県大洗町の磯前神社、「君の名は。」の東京都新宿区の須賀神社前の階段、「ラブライブ! サンシャイン‼」の静岡県沼津市内浦の道路脇の坂など、アニメを知らない人たちにとっては、何の変哲もない道や階段や坂が、文脈価値を持ったアニメファンにしては「感動的な」聖地になるのである。

聖地巡礼は国際的に拡散している。神奈川県鎌倉市の鎌倉高校前の踏切は、「スラムダンク」の聖地として、今でも連日中国や台湾からのアニメファンが押し寄せている。

同じ言葉でも、見知らぬ他人から聞くより、よく見知っている人から聞くだけで心が揺さぶられる。いまだ接触したことのない商品というのは、見知らぬ他人と一緒なのだ。その赤の他人から自分の長所や武勇伝を延々と聞かされても、感動するどころか嫌悪するだろう。これも負の文脈効果である。間違った文脈効果の使い方をすると、確実に

「買わないリスト」に登録されてしまうので、注意が必要だ。

感情報酬と意味報酬こそ大事なポイント

モノやコトにあふれた現代において、生活者が新しい情報に対して「いらない」と判断する回数が増えている。それこそが、象使いである意識の役割でもあるからだ。象使いは「行動しない行動の理屈付け」の際にもっとも活躍する。

新商品などが出た時、その機能価値を正確に伝えられるか、という点に売り手は注力すると思うが、象使いを説得すれば象が動いてくれるという保証はない。象使いだけにアプローチしていると、象がそっぽを向いて、むしろ「いらない」という理屈付けを生み出すきっかけになってしまうこともある。

車を動かす燃料に、原油そのものは使えない。精製してガソリンにしてあげる必要がある。それと同様に、商品の機能価値を伝えたいのなら、それがソロのどんな精神価値に代替えできるか、わかりやすく翻訳する必要がある。何より、最初に話しかける相手は象の方なのだ。起動装置は、あくまで主観的感情である象が握っている。

さらには、燃料だけ提示してもソロは動かない。基本的に受動態の彼らには、動くための お膳立て（環境の整備）が必要だ。それがないと燃料があっても点火されない。点火されてやっと、エンジンであるエモーショナル・モーメントが回転する。しかし、それだけでも駄目だ。エンジンの駆動力を伝えて、現実に動かす車輪が必要だ。その車輪に当たるのが、行動報酬である。

報酬といっても金銭報酬ではない。もちろん、金銭報酬も効果がある。特に、ソロ男はクーポンや値引きに目がないからだ。しかし、それはそもそも文脈価値の必要のない「価格の安さこそ価値」という商品に向いている。そういった部類の消費には、エモーショナル・モーメントは稼働しない。

車輪たる報酬はふたつある。ソロたちを動かしているのは、「無意識の快楽行動」と「有意識の理屈行動」のふたつである。このふたつは、それぞれ「行動の文脈化」と「意識の文脈化」によって行動している。それぞれに対応した報酬を用意する。

ひとつは、行動の文脈化としての感情報酬だ。そもそも、彼らの奥底にある欠落感を刹那的にでも解消することがエモ消費の原点であり、エモーショナル・モーメントはそれによって駆動力を得る。だからこそ、彼らには行動に対しての、承認と達成が得られる文脈をイメージさせてあげる必要がある。彼らは「認めてほしい」「褒められたい」「やったという実感がほしい」のだ。そうした期待が感じられる仕組みや施策が必要だ。欲求でいえば、これは承認欲求の満足に通じる。

もうひとつは、意識の文脈化としての意味報酬である。エモ消費の最終的な目的（精神的充足）とは、彼ら自身の帰属欲求（社会的欲求）を満足させることである。既婚者にとっては、安全欲求の次にくる当たり前の欲求だが、ソロたちにとっては最高次元の欲求になる。消費を通じて「ああ、俺は役に立ってるんだ」という、自らの社会的役割の意味付けができることこそがエモ消費の価値なのだ。精神的充足というと心の満足と考えがちだが、それは感情の理屈付けによって、頭と心のつじつまが合うということだ。それが、象と象使いが一体となるということで、結果的に心の安心と安定を生むのだ。

理屈付けされた感情は、象使いにとって理屈でも、象にとっては相変わらず感情のままだ。しかし、象使いは自分の理屈で象を動かしていると錯覚している。これこそが、

図6-2　象使いと欲求ピラミッド

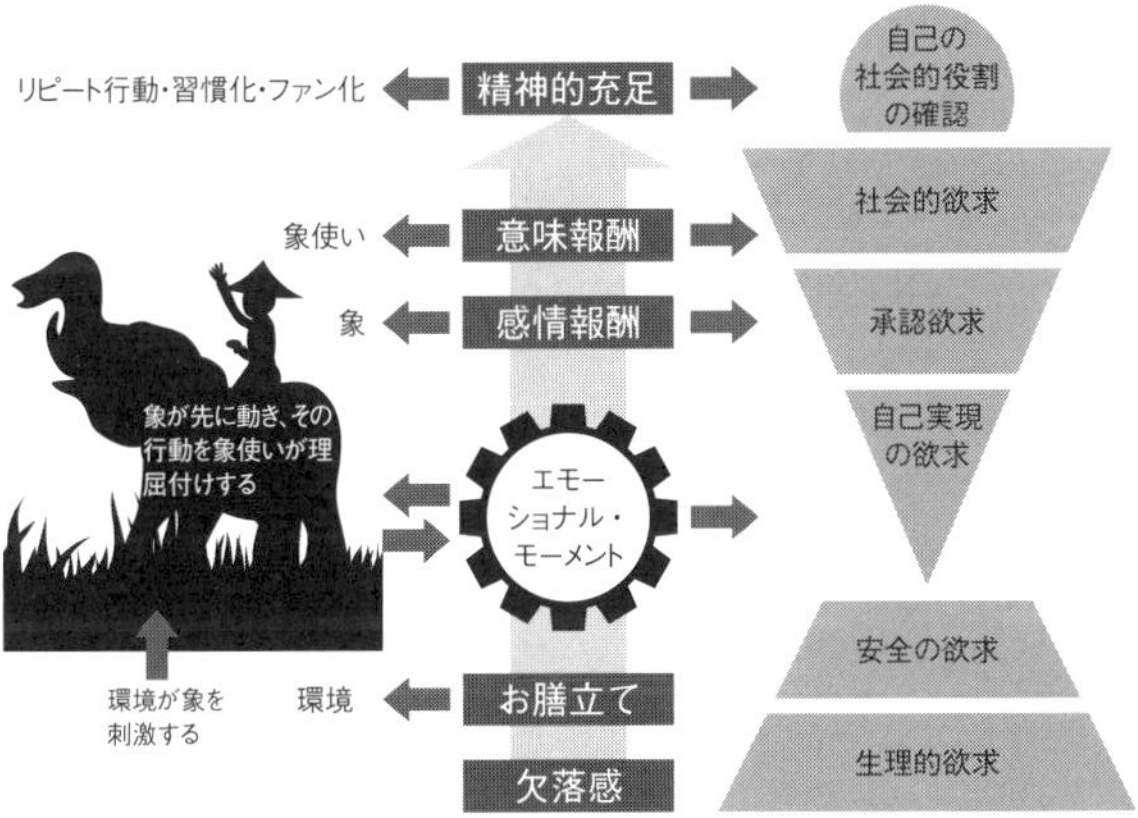

「理屈で動くといいながら、結果的に感情で動いている」ソロの自己矛盾行動のメカニズムでもある。理屈付けされた感情は、理屈によって感情を喚起することもできるようになる。そうすると、外からの環境や刺激に頼らず、自分の中で燃料を自家生産するようになる。これが「リピート」や「ファン」という行動につながっていく。

効果的な意味報酬が提示されると、「一途なリピーターやファン」を作ることになるのだ。図解すると上図のようになる。

ソロエコノミーが活発化するからとい

って、よくやりがちな間違いは、「ソロ向け○○」などネーミングしたり、ソロ向けプロモーションなどを展開してしまうことである。それこそ、彼らの嫌儲主義をいたずらに刺激し、「買わない」という理屈付けを促進してしまう。結果、「この企業は嫌いだ」という感情を生み出す。確実に真逆の効果の報酬を作っているようなものだ。

独身者とか一人暮らしとかそういう状態をターゲットにするのではなく、彼らの欠落感を埋める感情報酬と意味報酬をデザインすべきだろう。それは何も最新のテクノロジーを使う必要もない。たとえば、カット野菜が良い例だ。キャベツ丸ごと1個は、ソロにとって何の価値もない。しかし、一食分を千切りにした状態で、しかも水洗いなしで食べられるカット野菜は、包丁や流し台を使わないソロの気持ちを「わかってくれた」という承認欲求を満たしてくれる感情報酬になる。

2018年の12月には、デパ地下やコンビニでも、一人用のクリスマスケーキが販売されているのが多く見られた。これは、需要がそうなってきつつあるからだ。私の調査では、未婚でクリスマスをカップルで過ごす率は、20代でも2割を切っている。もともと3割しか彼氏彼女はいないのだが、クリスマスだからといって誰かと一緒に過ごしたいという80年代のクリスマスデート文化はもう存在しない。それでも、クリスマスはカップルで楽しく過ごすものだと刷り込まれたソロは、イブの夜は大きな欠落感を心に抱える人も多い。そんな時に、「一人でケーキ食べましょう」という押し付けもなく、単に「一人用ケーキ」として販売すること自体が、一人でクリスマスを迎えるソロたちへの承認でもあり、「みんなそうなんだ」という社会的欲求を与える意味報酬になっているのだ。

ソロ客をライフタイムバリューの高い優良顧客に育てたいと願うなら、30代までにこのステップを体験させておいた方がよい。これも調査ではっきり出ているが、40代を過ぎるとソロ男もソロ女も一途さが頑固さに変容し、梃子でも動かなくなってしまうからだ。逆に、40代までに仲良くなれば、裏切らない優良顧客にもなりえるということだ。

周辺消費の物語を作れ

本書内でも例として出した、「アイドルオタクは、アイドル消費より交通費と宿泊費に金を使っている」「Aというブランドを買ったつもりでBのヘビーユーザーになっている」のように、とかくソロは、無意識の文脈の中で、買うつもりのないものに金を注ぎ込む癖がある。

こうした癖をむしろ有効活用する視点も持ちたい。

たとえば、住居市場。永遠の議論として言われる「賃貸か、持家か」論争があるが、ソロ男は20～30代の頃は漠然と「将来、持家に住みたいな」とは思っているものの、50代を過ぎると賃貸派に鞍替えする。これは、収入や貯蓄の問題もあるが、配偶者も子どももいない状態では持家を買うという動機が発生しないからだ。ここにも面倒くさい病がある。一方、ソロ女は逆で、20～40代までは賃貸派で、50代を過ぎると持家派になる。これは、一生一人で生きていく覚悟を決めた証でもある。

不動産業者は、こうしたソロ生活者の増加に目をつけ、持家を勧めようと躍起になるが、需要のあるソロ女はともかく、ソロ男には効果がないだろう。先に書いた通り、漠然と「将来家を買わないと」と思っていたとしても、「今じゃなくていい」という行動しない理屈付けが強固だからだ。そこを斟酌しないで無理にアプローチすると、途端に

図6-3 住居は賃貸派か持家派か?

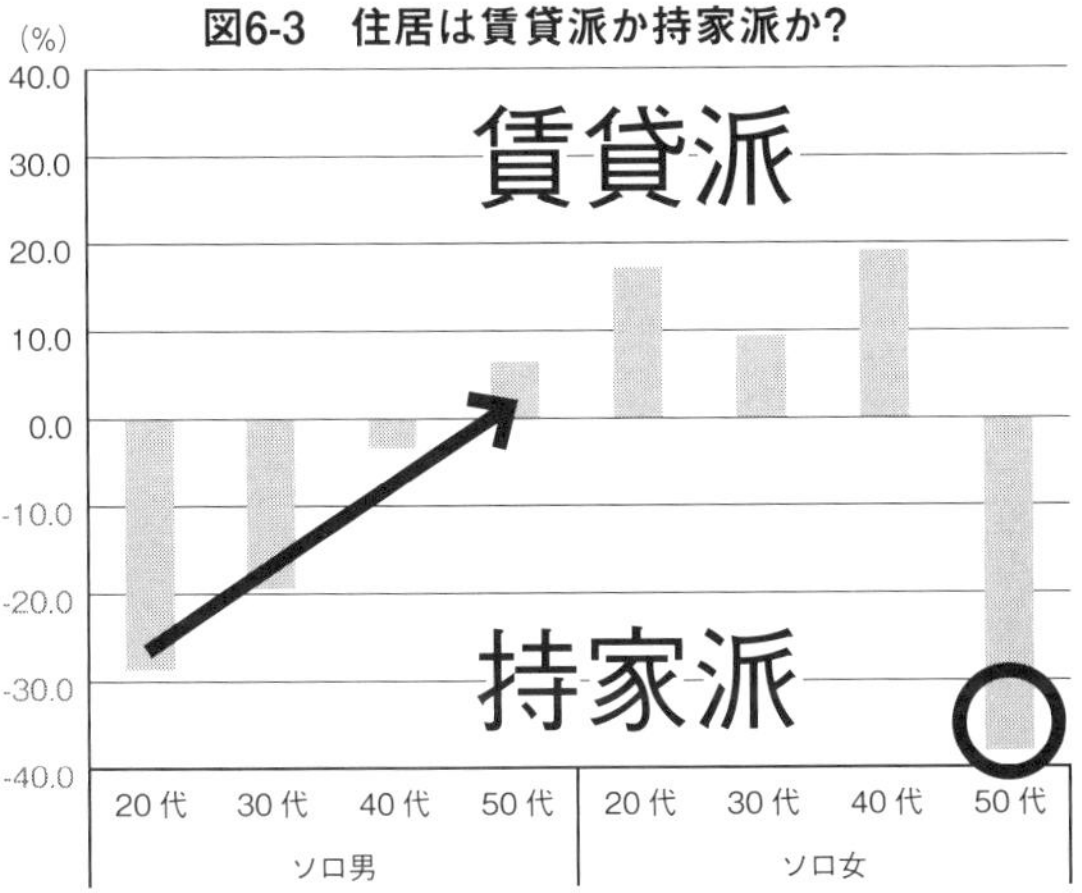

2016年ソロもんラボ調査（一部三県20〜50代男女N520）荒川和久作成。

「面倒くさい！」と遮断されてしまうだろう。彼らにとって自分の住まいがどうでもいいというわけではない。むしろ一人の時間を豊かに過ごす聖域ととらえている。だから、個々人がこだわりを持っている場合もある。

しかし、結婚というイベントでもない限り、20〜30代ソロ男が家という大きな買い物の決断をすることはほぼない。投資目的の購入など猶更興味はない。

では、どうすればよいのか。直接的に彼らにマンションを売りつけるというのではなく、彼らが消費したいと思うコンテンツを作り出し、エモ消費できる対象として彼らの目を向けさせる、という搦め手の視点を持つ。つまり、まず象を動かすのだ。

「自分が役に立っている」という物語に巻きこめ

アイデアとしてひとつ提示すると、「自分が住まない家賃を払う」という商品化だ。どういうことかというと、地下アイドルでもコスプレイヤーでも漫画家でもなんでもいいが、アウトプットとしての何かをお持ちの女性（ソロ男向けなので女性とした）に、無料で住めるマンションを提供する。女性本人は家賃を払わなくてよいが、その代わり、家賃を払ってくれるファンを募集して一定額を集めないと強制退去させられてしまうという仕組みだ。ソロ男向けには、月一口1万円程度の支援を用意し、リターンとしては、快適に過ごしているその部屋からの配信される動画での交流などを設定する。

要するに、動画への投げ銭である。こうすると、ソロ男は自分で住まない家の家賃を払うことになるのだが、その見返りの感情報酬と意味報酬がちゃんとデザインされていれば、文句をいうどころか、何口も購入するかもしれない。家賃というより、彼女たちの活躍の場を支援しているに等しい。

このポイントは、ネットを使うことにより、全国どこからでも支援が可能になる点だ。コスプレイヤーや漫画家などは、下手すれば海外からの支援も可能になる。支援金が多く集まれば、それだけ豪勢な部屋にグレードアップしてもよいし、その金額を元手にしたオフ会やイベント開催という還元も可能だ。つまり、家に住むという日常行為そのものが、エンタメ化し、商品になるということである。

合わせ技としては、食費や酒代、シャンプーなどの日用品代も、同じロジックでファンが買うという周辺消費の広がりも可能である。いろんな企業が合同で実施することも可能だ。

大事なのは、企業がスポンサードするからといって、家賃をタダにしたり、試供品を無料提供してはいけないということだ。それではリアリティがなくなる。これはある意味、疑似的に親になるということを意味する。自己の社会的役割の満足を買っていることであり、彼氏ではない、親なのだ。

ソロ男の財布を開かせるのであれば、そうした全体の文脈デザインが重要になってくる。自分のためのモノやコトである必要はなく、自分の精神的充足（俺が役に立っているという物語）になるのであれば、そういう消費のしかたもあり得るのだ。

未完成で提示せよ！

作り手・売り手はとかく完成品を提供したがるが、未完成での提示こそが大事になってくる。これは何も商品そのものを製造途中の段階で販売するということではない。商品開発段階でお客様の意見を聞くということでもない。商品自体はしっかりと作り手自身で完成させるのだが、ソロ客にとっての買い方の価値をシフトさせるということだ。

かつてモノ消費時代は、作り手が丹精込めた完成品を所有することが価値だった。コト消費においても、提供者が用意したサービスを思う存分楽しむ体験それ自体に価値があった。

しかし、もはやそうした「与える人と与えられる人」との関係性だけでは、エモーシヨナル・モーメントは生まれない。

買い手であるソロ客の行動を、単に「お金を払って受け取る」「使用する」という金銭のやりとり関係だけに閉じ込めてはいけない。もっと、一人ひとりと向き合える環境を用意する。圧倒的マスと向き合う必要はない。規模的には、最初は熱意のある1000人程度のファン層がいれば、その層とともに真剣に「ものづくり」や「サービスづくり」を一緒に議論する場を作った方がいい。

前著『超ソロ社会』においては、この「未完成の提示」のひとつの事例としてクラウドファンディングを提示した。

クラウドファンディングとは、群衆(crowd)と資金調達(funding)を組み合わせた造語で、ネットを通じて不特定多数の個人(支援者)から資金を募るしくみである。

支援に対するリターンとしては、「寄付型」「投資型」「購入型」の3つがあるが、日本では購入型が多い。個人の趣味から、ベンチャー企業の資金調達、飲食店・サービス業のプロモーション利用に加え、大手企業の活用事例も増えている。最近では、地域活性化や社会貢献をテーマとしたプロジェクトが増えている。

わかりやすい成功事例は、2015年に実施されたアニメ映画「この世界の片隅に」の制作資金を集めたものがある。最終支援金は3900万円を超えた。他にも、お笑い芸人のキングコング・西野亮廣さんが2018年、自身の絵本の世界を美術館化するための「えんとつ町のプペル美術館をつくりたい」というクラウドファンディングを実施し、最終的に6256万円を超える資金が集まった。

クラウドファンディングのよいところは、まだこの世に生まれていないものを、大勢の支援者とともに作り上げられるという「未来の喜び」と向き合えることだ。さらに、作り上げる途中経過を逐一鏡張りで見せることも可能なため、まるで子どもの成長を見守るようなあたたかい気持ちになれる。

これは、子のいないソロにとってはとてもエモい感情を揺さぶられる。彼らの欠落感の根本にある「家族や子がいないという心の穴」を埋めてくれる。そこにエモーショナル・モーメントが存在する。なぜなら、支援が足りなければ、その子はこの世に無事に生まれてこないのだ。そう考えれば、自然と自分から積極的に拡散協力するし、他者にも薦めるようになる。まさに、運命共同体であり、パートナーである。

当然、最初のきっかけは、完成品を手に入れるための支援であるが、未完成をうまく仕組み化すると、彼ら自体がゲストからキャストに変わる。もはや支援者ではなく、一緒に作り上げていく仲間と化すのだ。支援者にとって、その行動すらも、未来の喜びを獲得するための文脈のひとつとなる。支援をした瞬間から、途中経過まで含めて、支援者のすべての行動の喜びが商品代に含まれていることになる。金を払って終わりではなく、工程の中で完成していく喜びが得られるということであり、未完成というのはそういうことである。

ただし、当然ながら、このクラウドファンディングもすべてが成功するわけではない。むしろ最近ではプロジェクトもサイトも増えすぎて、支援が集まらない比率も高まっている。閉鎖されたサイトも数多い。ある事例が成功したからといって、フレームだけを真似しても成功するはずがない。

人を動かしているのはフレームではない。欲求であり、感情なのだ。

コミュニティ作りの大切さ

未完成の仕組み化とともに、彼らのコミュニティ帰属意識を刺激し、意味報酬によってエモーショナル・モーメントを回しているのがオンラインサロンだ。

専門家や各分野で活躍するカリスマ的存在が主宰者となり、気軽に双方向にコミュニケーションができる、月額会費制のＷＥＢ上（オンライン）のコミュニティである。つまり、これもサブスクリプション型の仕組みだ。

サロンには、ビジネス系やファンクラブのようなものもある。ＷＥＢ上だけの活動にとどまらず、会員限定でのオフライン（リアル）イベントの開催もある。実業家の堀江貴文さんの主宰する「堀江貴文イノベーション大学校」では、ユーザーが主体的にイベントを実施、運営するなど、その中から次々と本物のビジネスも生まれている。

単発フロー型のクラウドファンディングと違うところは、オンラインサロンの方は、ストック型である点だ。クローズドであることで、秘密を共有する価値も感じられるため高い帰属意識を得られる。

成功しているオンラインサロンも、未完成の仕組みが活用されている。そもそも何をするかをその中で決めるというものであり、だからこそ参加者の熱意、つまりエモーショナル・モーメントが違う。当然、参加者は会費を支払っているわけだが、お金を払った上に、一生懸命働いているのだ。これはボランティアとは違う。彼らはちゃんと報酬を得ている。

自ら動いた分は、サロン内での承認や達成感という感情報酬になるし、サロンというコミュニティの中で「自分は役に立っている」と思えれば、社会的役割の確認という意味報酬をもらっているに等しい。自分の行動に一度意味性を付与できた人は、繰り返し参加する。そして、それはさらに新たな達成感の連鎖を生む。こんな幸せなことはない。

「お客様」ではなく「パートナー」へ

現在、オンラインサロン主宰者は個人が多いのだが、企業こそ、こうしたオンラインサロン的なコミュニティ運営に真剣に取り組むべきだと思う。もちろん会費を徴収すべきだし、働く場も提供すべきだと思う。働く場というのは、決して労働の場ではない。活躍する場のことだ。

かつて、企業も会員制のオウンドサイトが数多く見られたが、あくまでそれは無料であり、自社の商品プロモーションの場に過ぎなかった。無料にして、幅広い対象にリーチさせたいと考えがちだが、無料はかえって価値を感じてもらえない。金を払ったという行動こそが彼らの脳内に意味付けをするのであって、それがなければ素通りされてしまう。

ただし、だからといって、企業自らオウンドオンラインサロンを始めればよい、という話ではない。それはたぶん、失敗するだろう。

オンラインサロンは、2018年現在で500以上も乱立しており、中には営利追求型の悪質な詐欺まがいのものも散見される。企業がやり始めるとどうしても「売らんかな」を警戒されてしまう。また、どこかの人気サロンをスポンサードするという軒下借り方式もやめた方がいいし、誰か有名人やインフルエンサーを立てても成功しないだろう。

クラウドファンディング同様、オンラインサロンというフレームだけを真似しても意味はないのである。参考にすべきは、成功しているオンラインサロンの表層的な物真似ではなく、直接お客様と真剣に向き合うという姿勢である。それができるのであれば、オンラインサロン体裁でやる必要もない。

ところが、流通企業は別にして、メーカーなどの企業は直接お客様と向き合うことを極度に恐れる。もちろん、炎上やクレーム、あるいは機密漏えいというものへのリスク回避が優先するのは当然だ。しかし、今後大事になってくるのは、こうした個々の熱意あるファン層と直接的に向き合う機会の拡大ではないだろうか。企業の公式ツイッターなどで成功している企業アカウントは、事実、「中の人」の人柄が評価されている例ばかりだ。

お金を払ってまで参加するファンは他にも存在する。野球の応援団やサッカーのサポーターがまさにそうだ。彼らが「応援しているのに金を取りやがって」などとクレームをつけることはない。

要するに、そうした層をお客様やファンととらえるのではなく、一緒に働く「協働パートナー」と考えるということである。準社員的な扱いだ。買ってくれるお客様をどれだけ増やすかという視点より、どれだけ一緒に働いてくれるか、一緒に売ってくれる協力者がいるか、そういう人たちとブランド経済圏でつながったコミュニティが作れるか、という視点にシフトするということ。特に、ソロ客が求めているのは感情報酬と意味報酬なのだ。

未完成で提示して、達成感という感情報酬でつながり、役割を感じる意味報酬が自己肯定感を高める。それこそ彼らが望む、エモ消費による幸せの提供なのだと考える。

こう説明すると、「それって囲い込み施策と何が違うの?」と疑問に思うかもしれない。囲い込みとコミュニティは全く違う。囲い込みとは所詮、三人称の俯瞰視点でしかなく、個ではなく群でしか見ていない。そう扱われることが、ソロに一番反感を持たれることかもしれない。

会社という群がモノを売り、大衆という群に買わせるという「群対群」という関係性からパラダイムシフトする。本来、どちらも人の行動であり、どちらにもそれぞれに感情がある。

ターゲットは群という得体のしれない記号ではない。個々人の中にある欲求や感情を察して、人として向き合い、商品やサービスを通じて対話してほしいのだ。そうすることで、売る側にもエモーショナル・モーメントが生まれてくるし、対話によって新たな商品やサービスが生まれるきっかけにもなる。商品と金の交換ではなく、感情の交換。それがソロエコノミーにおける商いの方向ではないだろうか。

売り手は売ることが目的なのではない。買い手も買うことが目的ではない。売る人と買う人とは、感じ方は違うにしろ、共に自分の社会的役割を共有するためにつながるのだ。売り手も買い手も共に「楽しむ」「幸せになる」という目的のために、ネットワークで接続されるコミュニティが求められてくる。「売る」ことも「買う」ことも「働く」ことも「遊ぶ」ことも、目的ではなく手段なのだ。

第7章　コミュニティが変わる

安心安定のコミュニティは失われる

「リスク社会」や「個人化する社会」を提唱したドイツの社会学者ウルリッヒ・ベックは、「昔、家族は、資本主義社会での心のよりどころだった。だが、個人化によって家族はリスクの場に変わりつつある」と分析した。ベックによれば、従来の伝統的集合体の概念である家族とは、「ゾンビ・カテゴリー（死に体カテゴリー）の好例である」と表現し、人間にとって家族とはもはや必然的な共同体ではなく、選択的親密性であると言っている。

ベックと並び評される社会学者バウマンも同様に、個人化について言及している。彼は、流動化していく現代社会を「リキッド（液状化）社会」と表現した。地域や職場や家族という強固なコミュニティの中に、固体のように組み込まれることで安心を得ていたソリッド社会から、それまで安心を担保してくれたコミュニティが失われ、個人は液体のように不安定で流動的になるということだ。

要するに、人々は自己裁量で動き回れる自由を得た反面、常にその選択に対して自己責任を負うことになる。それは、個人による競争社会を招き、それに伴う収入格差も生まれやすくなる。自由に離婚・再婚を繰り返すようになるし、何回も転職を繰り返すのは当然になる。

分断化も進む。あらゆるものを「正しい」と「間違い」に分断し、正しい物以外は悪であり、排除しても構わないどころか、駆逐すべきだという極論に走る。現代においてすべて顕在化している事実そのものだ。

個人化する社会は、必然的に従来のコミュニティの構造を抜本的に変貌させる。かつて安心なコミュニティであった地域は、都市部ではほぼ機能していない。隣に誰が住んでいるかさえ知らない人がほとんどだ。かといって、地方の田舎ならかつての人と人がつながる温かい地域コミュニティがあるかと言えば、そうとも限らない。

最近、定年後地方に移住するという動きが活発化していると聞くが、移住したものの、元々の地域の住人たちから受容されず、「ゴミ置き場を使わせてもらえない」などの地域いじめを受け、泣く泣くまた都会に戻ったという事例もある。移住者を仲間として迎え入れるという風潮ではなく、「よそ者」として排除するという思想に、コミュニティが変貌してしまっている例もある。

コミュニティの構造変化とともに、消費構造の変化も起きる。大衆という「群」がモノを所有することに価値を見出した「大量生産・大量消費」時代は終わっているし、スマホの普及など決済デバイスの個人化とともに、消費の個人化が進行していることはご存じの通りだ。

そんな「個人化する社会」では、コミュニティは存在しなくなるのだろうか？ということ、そうはならない。ソロ社会化が進んだとしても家族が消滅するわけではない。コミュニティの中で最後まで消えないのは、この親と子に代表される親密性に基づいたコミュニティである。コミュニティがすべて消滅するのではなく、コミュニティのあり様が変わるのだ。

これから書くことは、社会や世の中の問題としてではなく、読者のみなさんご自身の問題として読んでいただきたいと思う。

所属するコミュニティから接続するコミュニティへ

ソリッド社会における地域・家族・職場というコミュニティは、「人々の居場所」だった。そこに所属している人々は、「自分はこのコミュニティの一員だ」という安心感が得られた。だからこそかつてのコミュニティは「ウチとソト」の境界線を明確化して、ウチの安心を強固なものにしていたわけである。コミュニティは、所属による安心を保証してくれた。しかし、不安定で流動的な「個人化する社会」では所属の安心が失われていく。

かつての家族、地域、職場は「所属するコミュニティ」だった。しかし、これからは、枠の中に自分を置いて群の一員になるのではなく、個人と個人とがさまざまな形でゆるやかに接続する形、つまり「接続するコミュニティ」になる。

趣味のコミュニティなら、趣味を行うときだけそのメンバーと接続する。自己研鑽や学びなら、そういうときだけ協力し合う。場面に応じて、柔軟に接続するコミュニティを組み替えていくイメージになる。

図7-1　所属するコミュニティと接続するコミュニティ

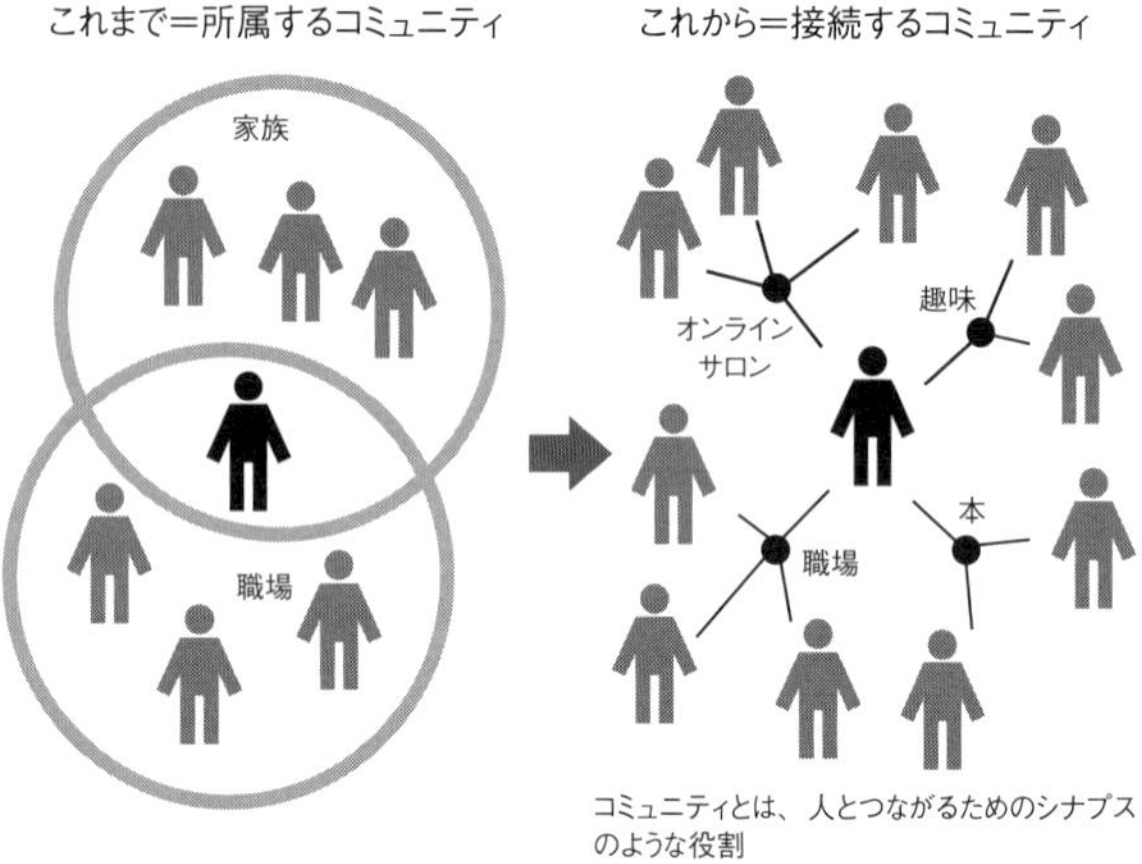

今後は、同じ場所や同じ枠におさまっていることが重要なのではなく、いかに必要な時に接続することができるかが問われてくる。

コミュニティには、あくまで人と接続するための手段としての役割が求められるのだ。その接続は、リアルでもネットでも、直接でも間接でもいい。人でなくても本と接続することでもいい。

接続するコミュニティは枠でも場所でもなく、神経細胞の間にあるのシナプスのような役割、つまり人と人をつなげる接続点になる。

そう考えると、商品やサービスもシナ

プスとしてのコミュニティになりえる。同じアニメ作品が好きな人、同じ音楽が好きな人、同じラーメンが好きな人、同じ遊園地が好きな人、これらはそうした商品やサービスそのものがコミュニティとして機能することで、その刹那、人とのつながりを生む装置になるということだ。

以前、あるテレビ番組において、「よなよなエール」で有名な株式会社ヤッホーブルーイングの井手直行社長と対談させていただいた。同社は、毎年社員が主体となって、同社のビールを愛するファンと共に「超宴」というイベントを実施している。商品を通じて、社員も、買ってくれた人たちも、その垣根を「超」えてつながり、楽しみあう「宴」である。企業とお客様たちという群対群の関係ではなく、売り手・作り手が買い手と人としてつながっていく。その瞬間、たとえ、見知らぬ人同士でも、同じモノやコトを通じて幸福感という感情を共有する仲間に変わる。そういう関係性こそが接続するコミュニティであり、未来のコミュニティとなっていくだろう。

これは働き方においても言えることだ。群の中の一員として機能させる働き方に固執しているから無理がある。会社という組織こそ、社員や外部の協力機関含めたすべてのメンバーを「達成感」で接続させるシナプスになるべきではないだろうか。

自分の中の多様性を育てる「一人十色」

所属することでの安心の代わりに、今後は接続するコミュニティ単位での「自己の社会的役割の多重化」が求められていくと考えている。

思えば、20世紀型の大量消費時代は、「十人一色」だった。みんなが同じ情報に触れ、同じモノを買い、同じテレビを見て、同じような家庭を築いた時代。その後、自己表現や個性重視、差別化が叫ばれた時代には「十人十色」に変化した。これは「人はそれぞれ違うよね」という多様性のイメージにつながっているのだと思うが、はたしてひとりの人間とは一色でしかないのだろうか。

ご自分に照らしてみてほしい。決して一色ではないし、いろんな色を内包しているはずだ。時と場合によって違う色を発することもあるのではないか。つまり、本当の多様性とは「一人十色」なのだ。多様性の時代とは、違う価値観や考え方を持つ人たちがたくさんいる社会ではなく、それぞれが「自分の中にある多様性」に気づく時代なのだ。

私は、常々「ソロ社会」を生き抜くのに大切な力とは、「ソロで生きる力」だと提唱しているが、これは、無人島で誰の力にも頼ることなく独力で生き抜く力ではない。逆説的になるが、「ソロで生きる力」とは「人とつながる力」である。

それは、家族や友達や職場の人という、いつも一緒のメンバーとの絆を深めるということだけではなく、それ以外で新しい誰かとつながり、会って話をすることで、自分自身を活性化し続ける力だ。

「人とつながる」というとどうしても「友達を作る」ととらえる人が多いが、そうではない。共感し合える友達というより、むしろ違う価値観の人に触れることのほうが有益なのだ。

人は、どうしても自分と同じ価値観の人、自分に共感してくれる人、自分を認めてくれる人とつながりたがる。それ自体は否定しないが、そうした居心地のいい関係性（同類縁）だけでは、結果的に自分自身の可能性を狭めていることになる。友達であるがゆえに気を使い、支障のないことしか言い合えないという経験は誰しもあるだろう。そういう表面上の関係よりも、全く利害関係のない赤の他人とのつながりが結果として自分にメリットをもたらす場合も多いのだ。
あえて違う価値観、違う年齢、違う考え方の人と接する機会を作ることが大事であり、そこで生まれる「違和感」が重要なのである。新しい刺激や違和感と向き合うことが、自分をアップデートさせていく。
自分をアップデートするとは、自分を変えるということではない。むしろ、新しい自分を次々と生み出していくということ。足し算の自分だ。それが、自己の多重化であり、自分の中の多様性を生みだしていくということになる。つまり、人とつながれば、そのつながりの数だけ、自分の中に「新しい自分」が生成されることになる。人とつながるのはそのためなのだ、
これは、アメリカの社会学者マーク・グラノヴェッターの言う「弱い紐帯の強さ」とも通じるが、いつも一緒の強い絆の間柄より、有益で新規性の高い刺激をもたらしてくれるのは、いつものメンバーとは違う弱いつながりの人たちのほうなのだ。血縁・地縁・職縁という所属のつながりは「強い紐帯」である。それ自体を否定はしないが、そ

うしたつながりは「強いがゆえに、均質で冗長」になりやすい。たしかに、安心はできるが「強い紐帯」だけに頼りきるのは、まさに〝妻唯一依存〟に陥った定年後の夫のような状態となり、リスクが大きい。

自分の中のインサイドコミュニティを作る

ところで、よく若者が「自分探し」という名の旅に出たりする話を聞く。旅自体はいい経験になるので大いにすべきだが、そもそも自分とは「探すもの」なのだろうか。

これは、自分自身の中には何か本質的な「核」のようなものが存在し、それこそが「本当の自分」である、という考えに基づいている。自分自身のアイデンティティとは唯一無二であり、「本当の自分」というものは世界にたったひとつだ、という考え方なのだが、それがかえって自分自身を窮屈にしてしまっていないだろうか。

私たちは、自分の選択を正当化しようとする。100年前の明治民法下の結婚では、庶民に選択の余地はなかった。親が決めた相手と見合い結婚したからこそ皆婚が実現できたとも言える。

しかし、それは地域や家族といった安心・安定したコミュニティがあったからこそであり、その存続こそが安心そのものだった。ある意味、群の安心と引き換えに個人の不自由を受け入れていたわけである。コミュニティへの所属こそが、生涯安心の保障だった時代は、ひとつの居場所での自分の役割を全うすればよかった。だからこそ、「空気を読む」という行動は、ひとつの居場所を守るための処世術でもあった。

確固たるアイデンティティとは、そうした環境の中でこそ意味があったと言えよう。しかし、これからは違う。バウマンはこう言う。

「（私たちは）個人レベルでも相対する人間に応じて、カメレオンのように変わり続けなければならない」

決して、仮面やキャラを演じるということではない。私たちは、すべて人との関係性の中で生きている。周囲の対人関係に応じて、無意識に、そして、臨機応変に「出す自分」を変えているはずなのだ。誰かとの関係性に応じて表面に出てくる自分は違って当然だし、それを「偽りの自分」であると断じる必要はない。いろんな人たちとの関係性の中から生まれる複数の自分はすべて「本当の自分」なのだ。

「一人十色」とは、自分の中に複数いる自分の存在を自分自身が認めるということである。この「自分の中の多様性」については、前著『超ソロ社会』にも詳しく書いたが、芥川賞作家の平野啓一郎さんの提唱する「分人主義」という考え方とも通じるものである。

「人とつながる」ことで生まれた十色の彩りとは、柔軟性であり、適応力でもある。いざというときに頼れる自分が10倍になるということであり、可能性も10倍になるということだ。

自分の中の多様性を生み出すことを意識することとは、結果として、自分の内側に、たくさんの自分自身で充満した内なるコミュニティ「インサイドコミュニティ」を構築することにもなる。インサイドコミュニティとは、自分自身の中に「安心できるコミュニティ」を作り出すということだ。

所属するコミュニティは、あくまで自分の外側の枠に自分を置くことだった。しかし、接続するコミュニティでは、逆に自分の内面に安心できるコミュニティを築くことになる。たくさんの人とつながり、自分の中にたくさんの自分が生み出されるということは、いわば「八百万《やおよろず》のあなた」であなたの中が満たされるということ。それが、自分のインサイドコミュニティなのだ。

どこに行っても、誰に対してもブレない確固たるアイデンティティこそが「本当の自分」だと思わないでほしい。そういう幻想に縛られるから、その状態にない自分自身を肯定できなくなる。唯一無二の自分などないのだ。自分の中の多様性というものを絶えず意識して、そのために人とのつながりを開発し、保持し続けていくという視点こそ、未来への適応力ではないかと思う。

自分の中の多様性を育てる。それは、仕事や人間関係への唯一依存からの脱却であり、個人の社会的役割の多重化につながる。

「多様性、多様性」と口ではいいながら、なかなか他人の多様性を認められない人も多い。そういう人こそ、ぜひ「自分の中の多様性を育てる」ことに目を向けてみてはいかがだろうか。「自分の中にある多様性」を理解できれば、自然と他人の多様性も理解できるし、尊重できるようになるのではないかと思う。

安室奈美恵がファンの中に生み出してくれたもの

１９９０年代に数々のヒット曲を量産し、「アムラー」という社会現象まで巻き起こした平成の歌姫こと安室奈美恵さんが、２０１８年、平成最後の秋に引退した。

ＡＫＢグループとは違い、原則としてアーティストとファンとの間には、直接の交流は存在しない。ファンクラブに入会していても、安室さんとは直接はつながらない。そもそも、自分がファンでいること自体、本人には知られていないだろうし、自分の顔も認識してもらえてはいない。にもかかわらず、ファンの心の中にはアーティスト自身が、さも一番仲のいい親友のように存在していることがある。それは、安室さんが心の中にいるのではなく、彼女の歌やステージを見ることで「安室奈美恵とのつながりで生まれた別の新しいあなたがいる」からなのだ。

安室奈美恵というアーティストに出会い、その曲を聴き、そのパフォーマンスに酔いしれ、そのファッションを真似すること。それもまた、人とのつながりのひとつの形態である。「安室ちゃんを好きだという気持ちの自分」が新しく生まれると、その生まれた自分によって元の自分自身を活性化してくれる。誰かを好きになった時、毎日が楽しく輝いて見えるのは、それと同じ現象なのだ。

安室さんは、決して順風満帆ではない波乱万丈の人生経験をしてきた。だからこそ、多くの女性が、女性として、若者として、母親として、仕事をする人間として、彼女の人生に自分自身を重ね合わせ、自分の中に新しい自分を生み出していたのだと思う。安室奈美恵さんが直接ファンを楽しくさせているだけではなく、ファンとして応援している自分を自分自身が認めてあげられているから、幸せを感じられるのだ。

日本テレビ系番組「世界の果てまでイッテQ！」の中で、タレントのイモトアヤコさんが、長年ファンだった安室奈美恵さんと初対面した模様が放送された。番組で、イモトさんは最後にこんな言葉を残した。

「あなたのファンになれて私は幸せでした。安室さんに出会えたことで私の人生は楽しく素晴らしく美しいものになっています」

これはつまり、「安室さんに出会えたことで、私は私の人生が楽しく素晴らしく美しいものになっていることに、私自身が気付けた」ということだろう。だから、「ありがとう」という言葉が出てくる。今回の引退に際しても、ファンだけじゃなく、多くの「安室奈美恵とつながった人たち」が口にするのは「ありがとう」という言葉だ。そして、この「ありがとう」とは、「応援させてくれてありがとう」であり、「それによって、私の中に新しい私を生み出してくれて、ありがとう」なのだ。

安室さんは、多くの楽曲を世に生み出したが、それ以上に、多くの人々のエモーショナル・モーメントを駆動させ、その内面に「それぞれの新しい自分」を生み出してくれた〝平成の大お母さん〟だったのかもしれない。

「人とのつながり」とは自分の内面に向き合うこと。自分自身の中にたくさんの新しい自分を生み出すこと。自分が自分を認めてあげられるようになること。そして、それは自分で自分を肯定できるようになることなのだ。

誰しもが、自分の中にたくさんの自分が次々と生まれてきているはずである。そんな彼らにあなた自身が、まず気付いてあげよう。自分で自分自身を「透明な存在」にしてはならない。

引退当日、ファン48446人がクラウドファンディングで集めたお金で出した新聞広告が掲出された。企業が自分の商品を売るために広告を出す時代から、買う人たちが自分の感謝を伝えるために広告という形の消費をする時代へ。消費とは、売り手と買い手という金銭の受け渡しの関係性だけではなく、まさにこうしたお互いの「ありがとう」を生む行動ではないだろうか。

売り手は、いつもお客様に対して「ありがとう」を言うことばかりを考えていないだろうか。お客様から「ありがとう」を言われたことはあるだろうか。客側も、売り手の「ありがとう」を当たり前だと思っていないだろうか。

商いとは、金銭と物品の交換ではない。そもそも人と向き合うことであり、感謝という感情と感情の交換なのだ。

2018年のオリコン年間ランキングにおいて、アーティスト別の年間トータルセールス1位は約190億円を売り上げた安室奈美恵さんだった。2位の103億円の乃木坂46を倍近く引き離してのぶっちぎりのトップだ。アイドルオタクのエモ消費とは軸となるエモーショナル・モーメントは異なるが、紛れもなくその消費力を生み出したのは、感情である。

契約関係だけが家族なのか

家族とはなんだろうか。

広辞苑で意味をひくと、「夫婦を始め、生活を共にする親子・兄弟などの血縁集団、社会構成の基本単位」とある。一方、世帯とは、「住居および生計を共にする者の集団」とある。つまり、家族とは、結婚という契約や血縁に基づく社会的生活集団を指し、特に同居をしていることを条件とはしないが、逆に、世帯とは、そのメンバーの結び付きが血縁関係である必要はなく、ひとつの屋根の下で寝食を共にすることを前提とするということだ。

単身赴任の父親が遠方で暮らしていても、それは家族ではあるが、同じ世帯ではない。同様に、江戸時代の商家などによくみられた奉公人などは、同居はしているが、血縁関係も契約関係もない。よって世帯員ではあるが、家族ではない。いずれにしても、家族や世帯という言葉が、社会生活を送る人間の経済活動から発生している点が興味深いと思う。

考えてみると、そもそも昔の農村などでは、子どもを産むという行為は、労働力の生産でもあった。だからこそ、父親が誰であろうとも子どもを産んで、将来の労働力として社会生活集団のメンバー全員でその子を育てたわけである。必ずしも同じ住居で寝食を共にする必要はなく、血縁だけで結ばれている必要もなく、契約（夫婦にも血縁はない）的に結ばれた村全体で助け合う。それが家族だったとも言える。そういう意味では、高度経済成長期の終身雇用の日本の企業は、雇用契約で結ばれた社員とその扶養する人たち全員が家族であったといえなくもない。

社会学者のパーソンズも、「家族は子どもの養育とメンバーの精神的安定という2つを本質的機能とする親族集団であり、必ずしも共住を前提としない」と言っている。現代においては、必ずしも「子どもの養育」が必須条件とはならないだろう。言いかえるならば、「家族とは、構成するメンバーの経済的生活の成立と精神的安定を機能とする契約に基づいた集団であり、必ずしも共住を前提としない」ということになる。

「家族とは何か？」という話の結論は簡単には出ないが、そう考えると、昨今の非婚化・未婚化についても合点がいくのではないか。

女性が結婚を相手の収入で選んだり、男性が自分のためにお金を使えないからと結婚をしたがらなかったり、という風潮は今に始まったことではなく、当たり前で、「そもそも家族になるということは経済生活のための手段」ということなのだ。

さらに言えば、男女の結婚が家族の必須条件にもならない。同性同士でもいいし、性的関係がなくても、互いに経済的に支援し合える関係の集団ならば、それは「家族」たり得る。経済的及び精神的支援のある契約さえあれば、一緒に住む必要もない。

家族というと、すぐ血縁や同居による結びつきだけをイメージしがちであるが、それがかえって家族を追いつめているのが現状ではないだろうか。

大家族時代はまだしも、今や最少人数化した夫婦と子だけの家族は、頼れる先が自分の家族だけに限定されてしまっている。その意識が、他人への排他的な心理にもつながり、ひいては、自分たち家族の中でも、家事・育児の分担などで、互いに相手の果たしていない義務をなじり合う状況を生んでやしないだろうか。これこそが、所属するコミュニティの断末魔の姿かもしれない。

北欧の高齢者たちは、子どもに金銭的にも肉体的にも介護を要求しない。要介護の状態でも赤の他人のヘルパーのサポートを受け、同居しない子が介護をすることはない。それは決して親子の情がないのではなく、北欧の彼らにとって「助けてくれる家族」とは「国家」であるからだ。

日本がそれに倣う必要も意味もないが、だからといって、「家族なんだから、自分たちでなんとかしろ」「無償で助け合うのが当然」と、すべてを小さな家族コミュニティに自己責任として押し付けるのは決していいことだとは思わない。

ソロも家族も協力し合える社会へ

家族が家族しか頼れない状況の弊害は、「８０５０問題」でも深刻化する。これは、80代の親と50代の子が暮らす世帯が経済的に困窮し、社会から孤立してしまう問題を指す。ちゃんと仕事もし、もともと経済的に自立していたソロの子が、親の介護のために介護離職を余儀なくされる場合もある。やがて経済的困窮から心身ともに疲れ果て、ついには親を手にかけてしまうという介護殺人事件が2週間に1回の頻度で起きているのだそうだ（NHKスペシャル取材班著『「母親に、死んで欲しい」介護殺人・当事者たちの告白』〈新潮社〉より）。

さらに言えば、86万世帯へと増加している母子家庭・父子家庭世帯の問題もある（2017年国民生活基礎調査より）。

小さな家族を小さいまま「所属するコミュニティの安心」だけで継続させていくより、家族こそ「接続するコミュニティ」へと、形をアップデートさせる必要があるのではないか。夫婦共働きなら、掃除などの家事は「オカン理論」に基づく代行サービスを活用する。育児の必要があれば、シッターを活用する。そうすることで、自分たちで完結させていたら何の経済効果もなかった家庭の家事と育児が、夫と死別した高齢ソロ女（専業主婦歴何十年のベテランだろう）の働く場を生むとともに、彼女のエモーショナル・モーメントを作り出すことになる。

エモ消費というものは、決して企業と消費者という関係だけではない。すべての生活者が売り手となれるし、買い手となる。まさに、人と人が接続するコミュニティ経済になるのだ。

掃除などのような誰かにとっての「面倒くさい」は、誰かにとっての「役に立ててうれしい」という意味報酬になりえるし、誰かにとっての暇な時間は、話を聞いてほしい誰かにとっての「楽しかった」という感情報酬に変わる。

排泄物や髪の毛1本も無駄にしない江戸時代の循環経済というのは、誰かの無駄でも誰かの価値になる魔法の経済だし、自分の楽しみのための行動が巡り巡って誰かの笑顔を作っていた。その笑顔はきっとどこかで自分に返ってくるという「お互いさま経済」でもあった。まさに「情けはひとのためならず」の精神であり、日本人が本来持っていた日本人らしさでもある。

ソロエコノミーは、消費によってソロを元気にできる経済である。人口5割のソロが元気に働き、消費をし、経済を活性化してくれれば、巡り巡って、家族にとっても互恵性のあるものになる。配偶者と死別した高齢ソロの男女が活躍できる場も、そうした中から生まれてくるだろう。

ソロと家族が対立する意味はない。接続するコミュニティでソロも既婚も高齢者も子どもたちも、血はつながっていなくても、思いがつながる家族になることができる。

お互い顔も名前も知らない関係かもしれない。特定の誰かを助けているとか、助けられているという事実が可視化されるものではないかもしれない。しかし、接続するコミュニティとは、所属という枠がない分、無限の広がりを持つ。個々人がゆるくつながることで、結果として互いに助け合える「拡張家族」が生まれるのだ。

結婚してもしなくても、子があってもなくても、自分のために働いたり、消費したりすれば、結果として、誰かのために役に立っていると信じられる社会。感謝の感情が循環する社会。私が言い続けている「ソロ社会は人とつながる社会である」というのは、そういう社会であってほしいという願いでもある。

あとがきにかえて
――ソロで生きるあなたへの手紙

常に部外者だった。どこにも属したことがない――

これは、宇多田ヒカルさんの言葉です。2018年6月にNHKで放送された『SONGSスペシャル』において、彼女の抱える「所属感のない孤独」が自身の口から語られていました。

歌手の藤圭子さんを母親に持つという家庭環境、両親の離婚、米国移住や度重なる転校など、少女だった彼女にとって、家庭も学校も「所属の安心を得られる居場所」ではなかったのではないでしょうか。それは、デビュー後多くのスタッフに囲まれた中においても同様だったようで、結局彼女は「所属感のない孤独」と常に向き合い続けてきたのかもしれません。

こうした「所属感のない孤独」を感じている若者も多いのではないでしょうか？

いや、若者だけではありません。定年を迎えた高齢者も、フリーランスで働く人も、離婚や死別などでソロに戻った人も、今後、多くの人たちが「所属を失うことでの孤独」を感じるようになるでしょう。こうした現象からも、もはやコミュニティというものが所属によって成立し得なくなることがわかります。


イギリスが孤独担当大臣を設立したニュースが出て以来、「孤独は死に至る病」「孤独リスクはタバコや肥満より悪影響」などという記事も目にしますが、そもそも孤独というのは誰にとっても共通の悪なのでしょうか？もちろん、一人であることをストレスに感じる人もいますが、一人でいることを快適と感じる人もいます。

孤独を「一人でいるかいないか」という物理的状態だけで考えてしまうと、集団の中に所属させればいいという短絡的な解決方法しか見出せなくなります。でも、本当に苦しいのは、集団の中にいて、どこかに所属しているにもかかわらず、疎外感を持ってしまうことの方ではないですか?

孤独と孤立は違います。状態としては一人であることを孤独と呼ぶのなら、たとえ孤独であったとしても、誰かと共有できる何かがあると感じられれば、心理的な孤立には陥りません。逆に、たとえ集団の中に所属していても、誰とも何も共有できていないのなら、それが孤立の苦しみを産むのでしょう。ソロであるとか、一人暮らしであるとか、単独で仕事をしているとか、そういう状態が孤立を生むのではありません。むしろ、「所属さえしていれば」「みんなと一緒にいれば」という「状態に支配されてしまう思考」こそが、心理的孤立という深い闇への助走になってしまいます。

各個人が「ソロで生きる力」を身につけ、精神的に自立することが大切です。「ソロで生きる力」とは、逆説的ですが「人とつながる力」でもあり、同時に「自分とつながる力」でもあります。「人とつながる」というと、どうしても「友達を作る」ことだと考えがちですが、決してそうではないし、どこかのコミュニティに所属したら安心だということでもありません。

無理に所属しなくてもいい。

所属することでの安心というのは、それと引き換えに、空気を読んだり、不本意ながら同調するという無理も伴います。所属とは、みんなと同じなら安心だ、という共同幻想を信じるということだからです。が、今後大切になるのは、「所属しなくても得られる安心がある。誰かと一瞬接続するだけでも安心が得られるのだ」と気付くことだと思います。それが「接続するコミュニティ」なのです。

学校に居場所がない、職場に居場所がない、社会に居場所がない。そうした「場所に所属することでしか安心できない呪縛」から解き放たれましょう。友達がいない、恋人がいない、愛すべき子がない。自分の外側に何もないからといって自分そのものまでなくしてしまわなくていいんです。

安心とは、自分の外側にあるアウトサイドコミュニティにしかないわけではありません。大事なのは、「安心な場所を探す」ということではなく、「いつでもつながれる誰かがいるって信じられる」ことです。

しかし、一方で「リアルでもネットでもたくさんの人とつながっているのに孤独だ」という、いわゆる「つながり孤独」という状態に苦しむ若者も増えています。

「人とつながる」こと自体を目的化して、「友達になればいい」「ネットでつながればOK」と考えてしまうと、「つながる」ことの意味を見失ってしまいます。

「つながる」ことは単なる手段です。誰かと会ったり、話したり、行動したりすることは、それが目的なのではなく、それを通じて「自分の中に生まれた新しい自分」と「つながる」ためです。言い換えれば、あなたがあなた自身を理解し、認めてあげるために「人とのつながり」はあるんです。

自分で自分を認めて、信じられるようになれば、すでに自分の中に拠り所となるインサイドコミュニティができている証拠です。

宇多田ヒカルさんは、曲作りの際に、私（宇多田さん自身）が「私ではない誰か」とのつながりを意識しているという話をしていました。「私ではない誰か」とは特定の誰かではない。かといって架空でもない。それは、「私ではない私」でもあり、「誰かによって生まれた（私の中にいる）私」なのではないでしょうか。

だからこそ、彼女が作り出す歌には自分への「願い・祈り・希望」が込められているのです。

そして、それが、多くの人の心の中にいる「宇多田ヒカルによって生まれたあなた」「同じように漠然と孤独を抱えているあなた」にも共鳴し、心を打つのでしょう。所属することで「集団の中にいる私」で安心していた時代から、「誰かと接続することで生まれる私の中の私」と付き合うことへ。それは個々人がバラバラに生きる世界ではなく、むしろたくさんの誰かの「新しく生まれた私同士がつながる」世界なのだと思います。

孤独を悪者にしても孤独は解消されません。「誰かに傍にいてほしい」「誰かに理解してほしい」というように、自分の外側のアウトサイドコミュニティだけに依存してしまうから、孤独というものを極度に恐れたり、嫌悪したりするのです。それは孤独のせいではなく、「あなたの中のあなたが足りない」からです。

宇多田ヒカルさんの「道」という曲には、次のような意味の歌詞があります。

「一人で歩いていたとしても、私は孤独ではない」

そう思えることが本当の「つながり」であり、自立なのだと思います。

【主要参考文献（50音順）】

荒川和久『結婚しない男たち　増え続ける未婚男性「ソロ男」のリアル』ディスカヴァー携書（２０１５）

荒川和久『超ソロ社会「独身大国・日本」の衝撃』ＰＨＰ新書（２０１７）

有田秀穂『「脳の疲れ」がとれる生活術』ＰＨＰ文庫（２０１２）

飯野亮一『居酒屋の誕生　江戸の呑みだおれ文化』ちくま学芸文庫（２０１４）

飯野亮一『すし　天ぷら　蕎麦　うなぎ　江戸四大名物食の誕生』ちくま学芸文庫（２０１６）

池谷裕二『脳はなにかと言い訳する　人は幸せになるようにできていた!?』新潮文庫（２０１０）

池谷裕二『脳には妙なクセがある』扶桑社新書１５４（２０１３）

石川英輔『大江戸生活事情』講談社文庫（１９９７）

磯田道史『徳川がつくった先進国日本』文春文庫（２０１７）

稲垣史生『三田村鳶魚　江戸生活事典』青蛙房（１９５９）

猪瀬直樹、磯田道史『明治維新で変わらなかった日本の核心』ＰＨＰ新書（２０１７）

落合陽一『デジタルネイチャー　生態系を為す汎神化した計算機による侘と寂』ＰＬＡＮＥＴＳ／第二次惑星開発委員会（２０１８）

ダニエル・カーネマン『ファスト&スロー（上・下）』ハヤカワ・ノンフィクション文庫（２０１４）

鬼頭宏『人口から読む日本の歴史』講談社学術文庫（２０００）

小池藤五郎『南総里見八犬伝（曲亭馬琴）　第９巻』岩波文庫（１９９０）

佐渡島庸平『WE ARE LONELY, BUT NOT ALONE.～現代の孤独と持続可能な経済圏としてのコミュニティ～』（幻冬舎（２０１８）

杉浦日向子『一日江戸人』新潮文庫（２００５）

スティーブン スローマン、フィリップ・ファーンバック『知ってるつもり　無知の科学』早川書房（２０１８）

橘玲『幸福の「資本」論』ダイヤモンド社（２０１７）

田中優子『江戸の想像力』ちくま学芸文庫（１９９２）

田中優子『江戸はネットワーク』平凡社ライブラリー（２００８）

M.チクセントミハイ『クリエイティヴィティ　フロー体験と創造性の心理学』世界思想社（２０１６）

西野亮廣『新世界』ＫＡＤＯＫＡＷＡ（２０１８）

ジグムント・バウマン『幸福論　〝生きづらい〟時代の社会学』作品社（２００９）

ジグムント・バウマン『コミュニティ』ちくま学芸文庫（２０１７）

ジグムント・バウマン『リキッド・モダニティ　液状化する社会』大月書店（２００１）

ジョナサン・ハイト『しあわせ仮説：古代の知恵と現代科学の知恵』新曜社（２０１１）
速水融『歴史人口学の世界』岩波現代文庫（１９９７）
平野啓一郎『私とは何か 「個人」から「分人」へ』講談社現代新書（２０１２）
網野善彦『日本の歴史をよみなおす（全）』ちくま学芸文庫（２０１３）
ウルリヒ・ベック『危険社会　新しい近代への道』法政大学出版局（１９９８）
堀口茉純『江戸はスゴイ』ＰＨＰ新書（２０１６）
三島由紀夫『葉隠入門』新潮文庫（１９８３）
三谷一馬『江戸商売図絵』中公文庫（１９９５）
森田健司『かわら版で読み解く　江戸の大事件』彩図社（２０１５）
デイヴィッド・リースマン『孤独な群衆』みすず書房（１９６４）
歴史の謎を探る会［編］『日本人なら知っておきたい江戸の商い　朝から晩まで』河出書房新社（２００８）
歴史の謎を探る会［編］『江戸のしきたり面白すぎる博学知識』河出書房新社（２００８）

【参考ＷＥＢ記事】

急成長するフードデリバリー（宅配）～市場規模は４０３９億円、前年比＋11％～
http://www.dreamnews.jp/press/0000156013/
荻野七重・斎藤勇「多変量解析からみた心理発生的欲求の分類と構造（人文・社会科学篇）」
https://ci.nii.ac.jp/naid/110007045147/
国立社会保障・人口問題研究所「第１回日本人口会議の概要」
http://www.ipss.go.jp/syoushika/bunken/data/pdf/14213805.pdf
衆議院調査局第三特別調査室縄田康光「歴史的に見た日本の人口と家族」（２００６）
http://www.sangiin.go.jp/japanese/annai/chousa/rippou_chousa/backnumber/2006pdf/20061006090.pdf
総務省統計研修所 西 文彦「親と同居の未婚者の最近の状況（２０１６年）」
https://www.stat.go.jp/training/2kenkyu/pdf/parasi16.pdf
江戸・東京人物辞典（監修：江戸東京博物館都市歴史研究室長　北原進）
https://kotobank.jp/dictionary/edojinbutsuden/
内閣府経済社会総合研究所「セルフネグレクト状態にある高齢者に関する調査―幸福度の視点から」
http://www.esri.go.jp/jp/archive/hou/hou060/hou60_03.pdf

ソロエコノミーの襲来

著者　荒川和久

2019年4月25日　初版発行

荒川和久（あらかわ　かずひさ）
独身研究家。早稲田大学法学部卒業。独身生活者研究の第一人者として、テレビ・新聞・雑誌など国内外の幅広いメディアで活動中。数多くの企業のマーケティング業務を担当する他、アンテナショップ、レストラン運営も手掛ける。著書に『超ソロ社会』（PHP新書）、『結婚しない男たち』（ディスカヴァー携書）。

発行者　横内正昭
編集人　内田克弥
発行所　株式会社ワニブックス
〒150-8482
東京都渋谷区恵比寿4-4-9えびす大黒ビル
電話　03-5449-2711（代表）
03-5449-2716（編集部）

装丁　橘田浩志（アティック）／小口翔平＋喜來詩織（tobufune）
カバーイラスト　高柳浩太郎
校正　玄冬書林
プロデュース　潮凪洋介（SHIONAGI DOUJO）
編集　大井隆義（ワニブックス）

印刷所　凸版印刷株式会社
DTP　株式会社 三協美術
製本所　ナショナル製本

定価はカバーに表示してあります。

ISBN 978-4-8470-6622-1
ワニブックスHP http://www.wani.co.jp/
WANI BOOKOUT http://www.wanibookout.com/